우리말
달인잡는
문제집

우달문

최소한 무식한
한국인은 되지 말재!

문학박사 임무출 엮음

3

외래어 표기법 익히기

다선
호랑

소리글자로서 한글의 우수성을 말할 때 가장 먼저 내세우는 것이 쓰인 그대로 읽으면 말이 되고, 소리 나는 대로 적으면 글이 된다는 것이다. 곧 발음부호가 필요 없다는 것이다. 이것은 분명 우리 말글문화가 지닌 놀라운 자랑이면서, 동시에 남모를 어려움이기도 하다. 예컨대 '이끼'와 '잇기'는 읽으면 분명히 소리가 같은데 다르게 쓰여 있고, '아기를 안고'와 '고기를 물고'에서 '고'는 분명 소리가 다른데 같은 글자로 쓰여 있다. 소리 나는 대로 적고, 적힌 대로 읽으면 말이 되는, 발음부호가 필요 없는 국어라고 했지만 이 사실을 분명히 알기 위해서는 현행 국어 맞춤법이 채택하고 있는 표음주의 표기법과 형태소중심 표기법이라는 보다 높은 차원의 언어학적 이해가 필요한 것이다. 이러한 어려움은 대개는 조금만 마음을 써서 공부하면 이해할 수 있지만, 실제 문제에 부닥치면 좀처럼 납득하기 어려운 경우가 적지 않다. 예컨대 다같이 된소리로 나는데도 불구하고 '훨씬'은 된소리로 적으면서 '몹시'는 예사소리로 적는 것이나, '장맛비'는 사이시옷을 쓰면서 '머리말'은 그것을 쓰지 않는 것 등이 그런 보기이다. 물론 이렇게 맞춤법을 정한 데는 그만한 까닭이 있지만, 이러한 사실을 이해하는 데는 상당한 언어학적 지식이 필요한 것이다. 이러한 문제는 적게는 국어교실에서의 일이지만 오늘날처럼 한글의 세계화를 지향하는 시대에는 여간 큰 문제가 아닌 것이다. 띄어쓰기 역시 마찬가지이다. 다 같은 소리글자이지만 영어시간에 선생님이 띄어쓰기 조심하라고 하는 말을 들은 적이 없는데 국어에서는 그것이 얼마나 중요한지 누구나 잘 알 것이다. 영어는 소리가 모여서 바로 낱말을 이루지만 우리 한글은 소리가 모여서 음절을 이루고 그것이 모여 낱말을 이루기 때문에 그 사이에 붙일까 띄울까 하는 문제가 발생하는 것이다. '굽이굽이'인지 '굽이-굽이'인지 '쏜살같이'인지 '쏜-살-같이'인지 알기가 쉽지 않은 것이다.

이와 같이 국어공부에서 맞춤법은 지나가는 말로 듣고 말기에는 너무 섬세하고 어려운 문제를 지니고 있어 누구도 자신 있게 나설 수 없는 분야인 것이다. 이러한 점을 누구보다 투철하게 꿰뚫어본 임무출 선생이 장황한 이론적 설명은 접어 두고 가장 실전적인 문제들을 체계적으로 제시함으로써 국어 맞춤법을 꿰뚫고 있는 일관된 원리가 무엇인가를 깨닫게 한 데 이 책의 소중한 가치가 있다고 생각한다. 그런 의미에서 이 책은 단순한 문제집이 아니라, 국어 맞춤법의 원리를 무엇보다도 친절하게 설명해 주는 값진 교양서라고 할 것이다. 여기에 요즈음 국어에 너무도 많이 나타나는 표기법에 관한 문제, 나아가서는 맞춤법 이론의 실천이라 할 수 있는 '문장 바로 쓰기'에 대한 전범을 보이고 있어 이 책을 한 번만 정독하고 나면 누구나 우리말 우리글을 자신 있게 읽고 쓸 수 있는 교양인이 될 것이라고 확신한다.

모처럼 이론서보다 더 잘 짜인 참고서, 참고서보다 더 잘 짜인 이론서의 출간을 기뻐하며, 힘써 역저를 펴낸 임무출선생의 노고에 경의를 표한다.

2011년 1월
한글학회 회장 김종택

1 이 책에 나오는 낱말의 뜻풀이는 표준국어대사전(국립국어연구원편, 두산동아)을 텍스트
   로 삼았다.

2 이 책에 나오는 낱말의 띄어쓰기ㆍ붙여쓰기 역시 표준국어대사전을 텍스트로 삼았다. 예를
   들면 '이때, 그때, 이날, 그날, 이곳, 저곳, 그해' 등의 단어와 '지난여름, 우리나라' 등이다.

3 낱말을 설명할 때 '～의 잘못'은 표준국어대사전에 등재된 것이고, '비표준어'는 등재되
   지 않은 것임을 밝혀 둔다.

4 낱말과 예문이 중복되는 경우가 있다. 반복해서 학습할 필요가 있는 것들이다.

5 이 책은 제1권 낱말의 형태, 표준어 규정, 제2권 띄어쓰기, 제3권 외래어 표기법, 제4권 문
   장 바로 쓰기 등 네 부분으로 구성되어 있으며, 한글맞춤법 전반에 걸친, 국내 최초의 문
   제집이다.

6 이 책에는 각 권마다 방대한 문제가 실려 있다. 이것이 이 책의 장점이다. 하나하나 여러
   번 검토하였고, 전문가에게 문의도 하여 보완했지만 그래도 이곳저곳에 약간의 오류가
   있을 수 있다. 발견되는 대로 재판을 낼 때 반드시 수정 보완하겠다.

『우달문-우리말 달인 잡는 문제집』은 대한민국 국민 모두가 우리말 달인이 되기를 바라는 마음에서 붙인 이름이다.

우리는 살아 있는 한 하루도 빠짐없이 말하기, 듣기, 쓰기, 읽기를 반복한다. 그중에서 쓰기 능력은 그 어느 때보다 중요시되고 있다. 특목고 입시, 대학 입시, 리포트 작성, 논문 작성, 입사 시험, 신문이나 잡지의 기사 작성, 방송 원고 작성 등은 말할 것도 없고 국어 능력 인증 시험, KBS 한국어 능력 시험에 이르기까지 그 쓰임이 차지하는 비중이 커졌다. 이러한 글쓰기에 관심이 있는 수험생이나 일반 독자들에게 조금이라도 도움을 드리기 위해 이 책을 세상에 내놓는다.

『우달문』은 올바른 국어 생활 중 쓰기에 대한 다양한 문제를 수록한 책이다.

쓰기는 글을 쓰는 행위인데, 이 글쓰기를 할 때 가장 중요한 것이 맞춤법(띄어쓰기 포함), 표준어 규정, 외래어 표기법 등이다. 그리고 이들은 글쓰기의 기본이다. 아무리 자기의 생각이나 체험, 사실 따위를 잘 표현했다 하더라도 이 기본이 어긋나면 글쓰기는 영점(零點)이다. 그런데도 우리는 이것을 간과하고 있는 실정이다. 거리에는 외래어 표기법에 맞지 않는 간판이 즐비하고, 인터넷에는 맞춤법, 표준어 규정, 띄어쓰기 등을 무시한 표현들이 넘쳐나고 있다. 마치 무단횡단을 하고서도 부끄러움을 모르고 걸어가듯이, 우리는 부끄러운 줄도 모르고 살아간다. 맞춤법(띄어쓰기 포함), 표준어 규정, 외래어 표기법 등은 단순한 의사소통의 도구가 아니라 우리의 소중한 문화재이

자 새로운 문화 창조의 원동력이다. 우리가 21세기 문화 민족의 한 구성원이라면 최소한 우리말은 바르게 쓰며 살아가야 하지 않을까?

엮은이는 몇 년간 『중학생을 위한 따라만 하면 잡히는 논술 1. 2. 3』(2008년 출간)을 집필하는 동안 논술뿐만 아니라 각종 글쓰기에 있어서 올바른 문장 쓰기 학습이 선행되어야 한다는 것을 절실히 느꼈다. 학생들이 쓴 글을 읽어 보면 문법에 맞는 문장 표현, 높임법의 올바른 사용이나 올바른 대화법, 적절한 호칭어나 지칭어의 사용 등에 대해 잘 모르고 있었다. 지금은 무엇보다도 올바른 문장 쓰기에 대한 다양한 학습이 요구되고 있는 실정이다.

2007년 7월부터 시중에 나와 있는 참고 도서(『한글맞춤법 강의』 이희승·안병희 공저, 『KBS 아나운서와 함께 배우는 바른 말 고운 말』 KBS 아나운서실 한국어 연구회 지음, 『한국어가 있다 1. 2. 3. 4.』 중앙일보 어문연구소 '우리말 바루기'팀 지음, 『건방진 우리말 달인』 엄민용 지음 등 여러 책)를 두루 살펴보았다. 그런데 이 책들은 이론 중심, 설명 중심으로 되어 있었다. 물론 이런 종류의 책들도 필요하지만 실제로 중·고등학생부터 일반인까지 올바른 우리말 학습에 도움을 주고자 한다면 문제 중심의 책도 필요하겠다고 느꼈다. 그래서 앞에 언급한 참고 도서에 나오는 우리말과 문장부터 문제화하였다.

특히, 위의 참고 도서들은 대부분 낱말의 형태, 표준어 등을 다루고 있다. '외래어 표기법'도 취급하였지만 대개 단편적인 수준에 머물러 있다. 사실 '어나운서'가 맞는 표기인지, '아나운서'가 맞는 표기인지 모르고 사는 사람이 얼마나 많은가? 지금까지 학교 현장에서도 외래어 표기법을 가르치는 것을 소홀히 했고, 문제를 만들어 적용한 경우는 더더욱 없었다.

띄어쓰기·붙여쓰기 문제도 그렇다. 띄어쓰기·붙여쓰기에 대한 이론 중심의 책은 있으나 실제로 적용하기 위한 문제집은 별로 눈에 띄지 않는다. 아무리 교사가 학생들에게 '조사는 윗말에 붙여 쓴다.'라고 설명해도, 실제로 글을 쓸 때에는 잘 모르는 경우가 대부분이다. 또 합성어 선정 기준이 애매하여 어떤 말은 합성어로 인정하여 붙여

쓰고, 어떤 말은 합성어로 인정하지 않아 띄어 쓰도록 되어 있다. 이렇게 문장마다, 단어마다 띄어쓰기·붙여쓰기가 다르기 때문에 우리는 다양한 유형의 문제를 학습할 필요가 있는 것이다. 그래서 우리나라에서 널리 알려진 수필을 문제로 제시해 보기도 하였다. 여러 가지 이론을 안다고 해서 띄어쓰기를 잘할 수 없기에, 실제로 여러 편의 수필을 제시해 놓고(물론 전부 의도적으로 붙여놓았지만) 띄움표(∨)를 해 보도록 함으로써 띄어쓰기에 자신감을 가질 수 있도록 편집하였다.

엮은이는 40여 년 동안 중등학교 국어 교사로서 교단을 지키고 있다. 교사가 학생들에게 아무리 이론을 알뜰히 설명해도 문제를 다루지 않으면 이해력이 떨어질 뿐 아니라 성적도 오르지 않음을 항상 느낀다. 국어 교과서 한 단원을 마치면 반드시 문제집에 있는 문제를 재구성해서 학생들에게 가르친다. 그때 비로소 이해를 하는 학생이 의외로 많다. 예를 들면, 중학교 생활국어(2-1) 3단원에 '음운'이라는 말이 나온다. '음운은 자음과 모음으로 이루어진 것'이라고 교사는 가르친다. 얼마 후 학생들에게 〈'아버지'의 음운의 개수가 몇 개냐?〉 라는 문제를 제시하면 답을 말하지 못하는 학생이 대부분이다. 〈ㅏ+ㅂ+ㅓ+ㅈ+ㅣ = 5개〉라고 설명하면 그제야 학생들은 음운의 개념을 확실히 이해하게 된다. 그러니까 아무리 설명이 잘된 책이라도 문제화된 것이 없어 문제를 풀지 않으면, 그 이론이나 설명은 교육적 효과가 떨어진다. 이것은 엮은이가 40여 년 동안 얻은 체험이다. 『우달문』은 위의 우리말 참고서에 나오는 어휘와 문장을 가능한 한 모두 문제화하고 풀이난을 두어 이론과 실제를 겸하도록 편집되어 있다. 그렇기 때문에 이 책만 꾸준히 학습하면 대한민국 국민들 모두가 우리말 달인이 되리라 확신한다.

『우달문 – 맞춤법 익히기』는 한글맞춤법 중 낱말의 형태, 표준어 등에 관한 문제집이다. 한글맞춤법은 말을 글자로 적을 때에 지켜야 할 약속이다. 맞춤법은 읽는 이가 글을 쉽고 정확하게 읽도록 하기 위해 만든 규정이므로, 우리가 글을 쓸 때는 이 기본 원칙을 지켜가며 써야 한다. 이 규정은 하나의 약속이다. 우리는 일상생활을 하면서 수많은 약속을 지키면서 살아간다. 만약 한 가지라도 약속을 지키지 않으면 다른 사람들에게 불편을 주게 되고, 자신도 불이익을 당하게 된다. 길을 갈 때 교통 신호를 지켜야 하듯이, 이 규정은 약속이므로 우리는 반드시 지켜야 한다.

한 편의 글을 읽을 때 표기법 등 맞춤법에 어긋나게 쓴 부분이 있으면 쉽고 정확하게 읽기가 힘들다. 우리가 맞춤법 규정에 맞게 글을 써야 하는 이유가 여기에 있다.

표준어는 한 나라의 공통어로서 그 나라를 대표하는 언어이다. 표준어는 언어를 통하여 같은 언어를 쓰는 사람들을 통일시켜 준다. 따라서 우리는 표준어를 익혀서 우리말을 정확하게 구사할 줄 아는 능력을 길러야 한다. 한글맞춤법은 이 표준어를 글로 적을 때 어떻게 표기할 것인가를 규정해 놓은 것이기에 낱말 각각의 형태와 함께 바르게 익히고 사용해야 한다.

『우달문 – 띄어쓰기 연습하기』는 한글맞춤법의 하나인 띄어쓰기에 관한 문제집이다. 문장의 표현에서 띄어쓰기는 매우 중요하다. 그럼에도 불구하고 우리는 띄어쓰기에 무관심할 때가 많다. 띄어쓰기가 제대로 되어 있지 않으면 어디서 끊어 읽어야 할지 잘 알 수 없으며, 그로 인해 무슨 뜻인지 이해하기가 쉽지 않다.

어느 날 엮은이가 모(某) 여성 잡지에서 '(아이가) 총각김치를 손가락으로 집어 먹는 건 기본, <u>누룽지밥</u>까지 다 해치웠다. 다 먹은 뒤 <u>졸리다고</u> <u>해방</u>에 재우기까지 했다.'라고 쓰인 문장을 본 적이 있다. 이 문장에는 몇 가지 오류가 있었다. 밑줄 친 부분이 바로 그것이다. 그런데 이 문장에서 '누룽지밥'은 '누룽지 밥'으로 띄어 읽으면 될 것이고, '졸리다고'는 '졸린다고' 로 고쳐 읽으면 뜻을 이해할 수 있는데, '해방'이 문제였다. 이 말이 무슨 뜻인지 금방 생각이 나지 않았다. 분명히 공간(空間)을 의미하는 단어이긴 한데 아무리 생각해도 뜻을 몰라 사전까지 찾았다. 사전에는 위의 문장과 문맥이 통하는 단어가 없었다. 나중에 '(아이가) 총각김치를 손가락으로 집어 먹는 건 기본, 누룽지 밥까지 다 해치웠다. 다 먹은 뒤 졸린다고 해 방에 재우기까지 했다.'처럼 '해'와 '방'을 띄어 읽으니까 그제야 뜻이 통하였다. 이렇게 띄어쓰기를 바르게 하지 않으면 독자가 띄어 읽어야 할 곳을 찾아 글을 읽기가 어렵고, 낱말의 경계를 알 수 없어 글의 내용을 이해하기가 매우 어렵다.

『우달문 – 외래어 표기법 익히기』는 한글맞춤법 중에서 외래어 표기법에 관한 문제집이다. '외래어 표기법'을 널리 알리고, 바르게 쓰고 익히자는 취지로 만들었다. 한글맞춤법 제1장 총칙 제3항에 '외래어는 외래어 표기법에 따라 적는다.'라고 되어 있으며, 외래어를 표기할 경우 바로 그 외래어 표기법에 따를 것을 규정하고 있다. 외래어의 표기는 국어의 현용 24개의 자모만을 사용하고, 외래어의 한 음운을 원칙적으로 한 기호로 적어야 하며, 된소리를 쓰지 않는다. 그리고 받침에는 'ㄱ, ㄴ, ㄹ, ㅁ, ㅂ, ㅅ, ㅇ'의 일곱 자만을 쓴다. 이것이 바로 우리나라에서 정한 외래어 표기법의 기본이다. 그런데 우리나라 사람들은 '외래어 표기법'이 한글맞춤법에 들어 있는 것조차 모르고 있으며, 학교 교육 현장에서도 소홀히 다루고 있는 형편이다. 중학교 3학년 1학기 생활 국어 교과서에 '2. 바르고 정확하게 쓰기' 단원이 있다. 여기에는 학생들이 표준어 사용, 올바른 띄어쓰기 등을 배우도록 되어 있다. 그러나 '외래어 표기법'은 빠져 있다. 아예 교과서조차 '외래어 표기법'을 다루지 않으니까, 학생이나 일반인들이 외래어 특히 영어를 우리말로 표기할 때 영어 발음을 그대로 표기하고 있는 실정이다.

예를 들어, 'flash, switch, bridge, boat'의 영어식 발음은 분명히 '플래쉬, 스위취, 브리쥐, 보우트'이다. 따라서 대부분의 사람들은 우리말로 표기할 때 그대로 표기한다. 그러나 우리나라 외래어 표기법에는 '플래시, 스위치, 브리지, 보트'로 표기하도록 되어 있다. 이렇게 우리나라에 엄연히 '외래어 표기법'이 있음에도 불구하고 영어식 발음으로 표기하는 예가 비일비재하다.

다음 글은 우리에게 시사하는 바가 크기에 인용해 보았다.

우리 모두 미국식 영어 발음을 익혀야 하는 것일까? 전혀 그렇지 않다. 미국식 영어 발음은 미국에서 사용되는 것일 뿐 전 세계 영어 발음의 표준일 수는 없다. 얼마 전에 50여 개국의 학자들이 모인 국제학술대회에 참가한 적이 있다. 대회 공용어가 영어였으니, 기조 연설자부터 방청석의 질문자에 이르기까지 모두가 영어로 의사를 소통하였다. 미국식 영어 발음의 패권주의는 그곳에 전혀 나타나지 않았다. 참가국 수만큼의 다양한 영어 발음이 난무하였어도 의사소통에는 아무런 문제가 없었다. (중략) 왜 미국식 발음을 들먹이며 우리 모두를 주눅 들게 하는가. "그렇게 발음하면 틀렸죠.", "이렇게 발음해야죠."라는 식의 횡포를 그만두라. 영국의 영어 발음과 호주의 영어 발음 그리고 인도의 영어 발음 사이에 우열을 가리려는 어리석은 짓은 그만두어야 한다. 더 나아가 한국에서 영어를 교육하는 모든 이들은 이제 콩글리시에 관심을 가져야 할 필요가 있다. 한국 정도의 국력이면 당당하게 세계 속에서 한국식 영어를 주장할 만하다.(영남일보. 2008. 11. 7. 문화 산책)

엮은이도 같은 생각이다. 한국식 영어가 바로 '외래어 표기법'이다. 우리는 외국인 앞에서 '외래어 표기법' 그대로 문장을 쓰고 말을 해도 의사소통에 무리가 없다. 그러니 우리들은 안심하고 '외래어 표기법'에 맞는 국어 생활을 해야 하겠다.

『우달문 - 문장 바로 쓰기』는 '문장 바로 쓰기'에 관한 문제집이다. 표준어를 포함하여 낱말의 형태가 맞춤법에 맞는 문장이라 하더라도 그것이 각각의 문장 성분과 어울려 문장으로 이루어졌을 때, 호응 관계가 일치하지 않으면 비문법적인 문장이 된다. 또, 한 문장에서 높임법의 올바른 사용이나 올바른 대화법, 적절한 호칭어나 지칭어의 사용 등이 잘못 사용되었을 때에는 문맥에 맞지 않은 문장이 된다. 이뿐만이 아니다. 중의적 표현은 얼마나 많으며, 무분별하게 쓰는 외국어(특히 일본어) 번역투의 문장은 얼마나 많은가. 따라서 비문법적인 문장, 문맥에 맞지 않은 문장, 중의적 표현, 외국어 번역투 문장 등을 빨리 발견하고 그것을 정확하게 고쳐 쓰는 능력을 길러야 한다. 이를 위해서는 다양한 문제를 풀어보는 수밖에 없다. 이 책은 이러한 능력을 기르는 데 많은 도움을 주리라 믿는다.

『우달문』 원고를 집필하고 있는 동안에 다음과 같은 기사를 읽게 되었다.

다음 중 옳은 것은? ① 수돼지 ② 숫돼지 ③ 수퇘지 ④ 숫퇘지. 표준어인 것은 ① 쌍용 ② 백분율 ③ 가정난 ④ 하마트면. 학년 초마다 논술과목을 배우는 KAIST 신입생

700여 명이 치르는 국어 시험이다. 학생들의 맞춤법이나 표준어, 띄어쓰기 같은 기본 국어 실력이 들쭉날쭉이라 학교측은 이 시험 성적에 따라 학생들을 세 그룹으로 나눠 지도한다. (중략) 우리 대학 진학률은 90%에 육박한다. 1970년 이후 문맹률 조사를 한 적도 없다. 그러나 요즘 국어 실력을 보면 '제2의 문맹'이라 할 상황이다.(조선일보. 2008. 7. 4. 만물상에서)

엮은이는 이 기사 내용을 읽고 큰 충격을 받았다. 요즘 국어 실력을 보면 '제2의 문맹'이라 할 상황이라는 기사에 어안이 벙벙하였고, 40여 년 간 학생들을 가르치고 있는 현직 국어 교사로서 부끄럽기 그지없었다. 결국 이 기사가 『우달문』을 앞당겨 내기로 결심한 동기 중의 하나라고 할 수 있다.

말과 글이 훼손되면 곧 문화가 훼손된다. 『우달문』을 통해 문화가 훼손되는 것을 막고, 보다 원활한 의사소통을 위한, 올바른 쓰기 활동을 기대한다. 이 땅의 단 한 명이라도 '제2의 문맹'이란 소리를 듣지 않기를 바란다. 대한민국 국민 모두가 우리말 달인이 되기를 바란다.

끝으로 여러 가지 어려운 여건에도 불구하고 출판을 기꺼이 허락해 주신 다산북스 김선식 사장님, 그동안 노고를 아끼지 않은 편집부 김상영 팀장님, 이하정 과장님께 고마움을 표한다. 또한 바쁘신 와중에도 원고를 검토해 주시고 좋은 글을 써 주신 한글학회 김종택 회장께 진심으로 감사를 전한다.

2010년 9월
뜻길 산방에서 엮은이 씀

| 목차 |

● 기리는 말 02
● 일러두기 04
● 머리말 05

첫째 가름

외래어 표기법 정리 1 16
일 회 문제 17 풀이 19 정답 20

외래어 표기법 정리 2 21
이 회 문제 22 풀이 25 정답 27

외래어 표기법 정리 3 28
삼 회 문제 29 풀이 32 정답 34

외래어 표기법 정리 4 35
사 회 문제 36 풀이 39 정답 41

외래어 표기법 정리 5 42
오 회 문제 43 풀이 47 정답 50

외래어 표기법 정리 6 51
육 회 문제 52 풀이 55 정답 57

외래어 표기법 정리 7 58
칠 회 문제 59 풀이 65 정답 70

외래어 표기법 정리 8 71
팔 회 문제 72 풀이 74 정답 75

외래어 표기법 정리 9 76
구 회 문제 77 풀이 82 정답 86

외래어 표기법 정리 10 87
십 회 문제 88 풀이 90 정답 91

외래어 표기법 정리 11 92
십일 회 문제 93 풀이 94 정답 94

외래어 표기법 정리 12 95
십이 회 문제 96 풀이 98 정답 99

외래어 표기법 정리 13 100
십삼 회 문제 101 풀이 103 정답 104

외래어 표기법 정리 14 105
십사 회 문제 106 풀이 111 정답 116

외래어 표기법 정리 15 117
📝십오 회 문제 118 풀이 120 정답 122

외래어 표기법 정리 16 123
📝십육 회 문제 124 풀이 127 정답 129

외래어 표기법 정리 17 130
📝십칠 회 문제 131 풀이 135 정답 137

외래어 표기법 정리 18 138
📝십팔 회 문제 139 풀이 144 정답 147

외래어 표기법 정리 19 148
📝십구 회 문제 149 풀이 152 정답 153

외래어 표기법 정리 20 154
📝이십 회 문제 155 풀이 157 정답 158

외래어 표기법 정리 21 159
📝이십일 회 문제 160 풀이 162 정답 163

외래어 표기법 정리 22 164
📝이십이 회 문제 165 풀이 169 정답 171

외래어 표기법 정리 23 172
📝이십삼 회 문제 173 풀이 175 정답 176

외래어 표기법 정리 24 177
📝이십사 회 문제 178 풀이 180 정답 181

외래어 표기법 정리 25 182
📝이십오 회 문제 183 풀이 186 정답 188

둘째 가름
📝일 회 문제 190 풀이 194 정답 197
📝이 회 문제 198 풀이 202 정답 205
📝삼 회 문제 206 풀이 210 정답 213
📝사 회 문제 214 풀이 218 정답 221
📝오 회 문제 222 풀이 226 정답 229

● **참고 문헌** 230
● **찾아보기** 231

첫째 가름

문제와 정리를 통해 외래어 표기법을 익혀 보자!

외래어 표기법 정리 1

제1장 표기의 기본 원칙

제1항 외래어는 국어의 현용 24자만으로 적는다.

▷ 자음 : ㄱ, ㄴ, ㄷ, ㄹ, ㅁ, ㅂ, ㅅ, ㅇ, ㅈ, ㅊ, ㅋ, ㅌ, ㅍ, ㅎ (14자)

▷ 모음 : ㅏ, ㅑ, ㅓ, ㅕ, ㅗ, ㅛ, ㅜ, ㅠ, ㅡ, ㅣ (10자)

여기서, 현재 우리말을 표기할 수 있는 자음은 위의 자음 14자 이외에도 ㄲ, ㄸ, ㅃ, ㅆ, ㅉ, ㄳ, ㄵ, ㄶ, ㄺ, ㄼ, ㄽ, ㄾ, ㅀ, ㅄ 등 16개 자음이 더 있는데 외래어를 표기할 때는 이들 자음은 절대 쓸 수 없다는 뜻이다. 모음은 자음과 달리 위에 제시한 단모음 이외에도 ㅐ, ㅒ, ㅔ, ㅖ, ㅘ, ㅙ, ㅚ, ㅝ, ㅞ, ㅟ, ㅢ 등 11개 이중모음을 쓸 수 있다. 이 중 단모음 'ㅡ'와 이중모음 'ㅢ' 등 2개의 모음만 쓸 수 없다. 대부분의 외국어에는 이런 소리가 없기 때문이다.

제2항 외래어는 1음운을 원칙적으로 1기호로 적는다.

▷ 원어의 발음에 [f]가 포함된 단어는 예외 없이 그 [f] 발음을 우리말에서는 'ㅍ / 프'로 적어야 한다.

예 [f]→ㅍ : family[fǽm(i)li] 패밀리   film[film] 필름   feel[fi:l] 필

▷ 원어의 발음에 [v]가 포함된 단어는 예외 없이 그 [v] 발음이 우리말에서는 'ㅂ'으로 적힌다.

예 [v]→ㅂ : service[sə́:rvis] 서비스   glove[glʌv] 글러브
            negative[négətiv] 네거티브

일 회
문제

● **다음 (   ) 안의 외래어 중 알맞은 것을 찾아 ○표 해 보자.**

01 그는 깊은 상념에 잠겨 담배 (휠터 / 필터)가 타들어 가는 것도 모르고 있었다.

02 1789년부터 1799년까지 (후랑스 / 프랑스)에서 부르봉 왕조를 무너뜨리고 사
    회, 정치, 사법, 종교적 구조를 크게 바꾸어 놓은 혁명이 일어났었다.

03 (훌루트 / 플루트)는 최고 음역의 관악기로, 아름답고 청신한 음색을 지녔으며,
    예전에는 흑단(黑檀) 따위를 재료로 만들었으나, 현재는 대부분 금속으로 만든다.

04 그녀는 장밋빛 (스카후 / 스카프)를 머리에 쓰고 있었다.

05 영화 한 편 제작하는데 (스태후 / 스태프)의 인건비도 상당히 많이 들어간다.

06 그것은 (휀싱 / 펜싱)의 이론과 실제를 소개한 책으로, 내용에 어긋나지 않게 실
    제 상황에서 재현되는 모습을 우리말로 풀이해 놓았다.

07 행정실 직원이 컴퓨터 (화일 / 파일)을 복사하기도 하고, 삭제하기도 하느라 바
    쁜 모습이었다.

08 응원석에서는 우리 선수 '(화이팅 / 파이팅)' 하고 외치는 소리가 귀가 따가울 정

도였다.

09 작가가 자신의 작품에 대하여 (나레이션 / 내레이션)을 맡았다.

10 나를 가로막는 자들이여. 차라리 나를 웃겨라. 나의 (노스탈지어 / 노스탤지어)
   깃발이여, 찬란히 나부껴라.

11 고구려의 벽화에서는 고구려인의 (다이나믹 / 다이내믹)한 기상을 느낄 수 있
   었다.

12 이 소설의 (클라이막스 / 클라이맥스)는 주인공이 결투를 벌이는 부분이다.

13 법률 전문가가 아닌 일반 국민 가운데서 선출된, (판넬 / 패널)로 구성된 배심에
   서 기소나 심판을 하는 제도도 있다.

14 신앙을 가지고 산다는 것은, 이성으로는 믿기 어려운 (파라독스 / 패러독스)를
   순순히 받아들이는 것이다.

15 그는 국제 기능 (컨테스트 / 콘테스트)에서 입상을 하였다.

16 융(Jung)은 언어 연상 실험을 통하여 특정 단어에 대한 피검자의 반응 시간 지
   연, 연상 불능, 부자연스러운 연상 내용 따위가 (컴플렉스 / 콤플렉스)에서 비롯
   된다고 주장하였다.

풀이

01 ▷ 필터(filter) : 담배의 진을 거르기 위하여 담배의 끝 부분에 붙이어 입에 물게 된 부분. 솜이나 종이를 만든다.

02 ▷ 프랑스(France) : 유럽(Europe) 서부에 있는 공화국.

03 ▷ 플루트(flute) : 옆으로 쥐고 불며, 구멍에 입김을 불어넣어 소리를 내는 관악기.

04 ▷ 스카프(scarf) : 주로 여성이 방한용, 장식용 따위로 사용하는 얇은 천. 목에 감거나 머리에 쓰기도 하고, 옷깃 언저리에 약간 내놓거나 허리에 매기도 한다.

05 ▷ 스태프(staff) : 연기자를 제외한 연극, 영화, 방송의 제작에 관계하는 모든 사람.

06 ▷ 펜싱(fencing) : 유럽(Europe) 검술의 한 가지. 가늘고 긴 검으로 상대편을 찌르거나, 베거나 하여 승부를 겨룸. 올림픽(olympic) 경기 종목의 하나임.

07 ▷ 파일(file) : 하나의 단위로서 처리되는, 서로 관련 있는 레코드(record)의 집합. 컴퓨터 시스템(computer system)에서 파일(file)은 자기 테이프(磁器 tape), 디스크(disk), 천공 카드(穿孔 card), 주 기억 장치 따위에 존재한다.

08 ▷ 파이팅(fighting) : 운동 경기에서, 선수들끼리 잘 싸우자는 뜻으로 외치는 소리. 또는 응원하는 사람이 선수에게 잘 싸우라는 뜻으로 외치는 소리.

09 ▷ 내레이션(narration) : 영화, 방송극, 연극 따위에서, 장면이 나타나지 않으면서 장면의 진행에 따라, 그 내용이나 줄거리를 장외(場外)에서 해석하는 일. 또는 그런 해설.

10 ▷ 노스탤지어(nostalgia) : 고향을 몹시 그리워하는 마음. 또는 지난 시절에 대한 그리움.

11 ▷ 다이내믹하다(dynamic~) : 동적(動的)이며 힘이 있다.

12 ▷ 클라이맥스(climax) : ① 흥분, 긴장 따위가 가장 높은 정도에 이른 상태. 예 클

라이맥스에 이르다. / 사건은 바야흐로 클라이맥스에 다다르고 있었다. ② (문학에서) 절정(絶頂).

13 ▷ 패널(panel) : 배심원 또는 배심원 명부.

14 ▷ 패러독스(paradox) : 일반적으로는 모순을 야기하지 아니하나, 특정한 경우에 논리적 모순을 일으키는 논증. 역설(逆說).

15 ▷ 콘테스트(contest) : 응모, 기능, 실력 따위를 겨루기 위하여 열리는 대회. 예 미인 콘테스트에 참가했다. / 환경 사진 콘테스트에 응모하다.

16 ▷ 콤플렉스(complex) : 현실적인 행동이나 지각에 영향을 미치는 무의식의 감정적 관념.

정답

01. 필터 02. 프랑스 03. 플루트 04. 스카프 05. 스태프 06. 펜싱 07. 파일 08. 파이팅 09. 내레이션 10. 노스탤지어 11. 다이내믹 12. 클라이맥스 13. 패널 14. 패러독스 15. 콘테스트 16. 콤플렉스

외래어 표기법 정리 2

제1장 표기의 기본 원칙

제3항 받침에는 'ㄱ, ㄴ, ㄹ, ㅁ, ㅂ, ㅅ, ㅇ'만을 적는다.

▷ 외래어 표기에서는 'ㄱ, ㄴ, ㄹ, ㅁ, ㅂ, ㅅ, ㅇ' 등 7개의 자음만을 받침으로 쓰고 나머지 자음(ㄷ, ㅈ, ㅊ, ㅋ, ㅌ, ㅍ, ㅎ, ㅆ, ㄳ, ㄵ, ㄶ, ㄺ, ㄻ, ㄼ, ㄽ, ㄾ, ㄿ, ㅀ, ㅄ)은 우리말과 달리 외래어 표기법에 받침으로 쓸 수 없다는 뜻이다.

예 coffee shop 커피숖(×) → 커피숍(○)

supermarket 슈퍼마켙(×) → 슈퍼마켓(○)

cake 케잌(×) → 케이크(○)　　racket 라켙(×) → 라켓(○)

hotline 핟라인(×) → 핫라인(○)　　chocolate 초콜맅(×) → 초콜릿(○)

book 붘(×) → 북(○)　　cat 캩(×) → 캣(○)

gap 갶(×) → 갭(○)

이 회

문제

● **다음 ( ) 안의 외래어 중 알맞은 것을 찾아 ○표 해 보자.**

01 그녀는 (가톨릭 / 가톨릭) 신자로, 매주 일요일에는 꼭 성당에 나간다.

02 나는 원래 포크질을 할 줄 몰랐고, (나잎 / 나이프)로(으로) 고기를 썰어 먹을 줄
    도 몰랐다.

03 그녀는 아이의 입에 묻은 음식을 (냎킨 / 냅킨)으로 닦아 주었다.

04 우리 팀이 8회말 (노아운 / 노아웃)에 두 점을 올린 것이, 승리의 주요 원인이었다.

05 자유의 여신상이, (뉴욕 / 뉴욕) 항구에 서 있는 것을 아는 사람이 그렇게 많지
    않다.

06 컴퓨터에 데이터를 (디스켄 / 디스켓)에 저장하다.

07 (디스코텍 / 디스코텍)에서 빠른 디스코 음악이 폭발하듯 터져 나오자, 젊은이들
    은 일제히 무대로 나가 춤을 추기 시작하였다.

08 나이 어린 아가씨들이 하얀 (캪 / 캡)과 유니폼을 과시하면서, 또한 명랑하게 지
    껄이면서 지나간다.

09 사람들이 연애할 때, (로맨틱 / 로맨틱)한 분위기가 있는 곳을 즐겨 찾는다.

10 어느 날 학부모가 가져 온 잔치 음식을 당장 여러 사람과 나누어 먹지 못하고, (캐닛 / 캐비닛)에 넣어 놓았다가 집에 가져가니, 맛이 변했더군요.

11 그는 어린 나이에도 주눅 들지 않고, 몸이 휘청할 정도로 휘두르는 그의 (뱉 / 배트)(은)는 팀의 중심 타선을 맡기에 충분했다.

12 그 회사 사장은 (백그라운드 / 백그라운드)가 좋은 사람을 사원으로 뽑아, 주위 사람들로부터 빈축을 산 바 있다.

13 이번 목욕탕 개 · 보수를 하면서 (세라믹 / 세라믹) 욕조로 바꾸니, 분위기가 훨씬 나아졌다.

14 어머니는 생필품을 사실 때에, 재래시장보다 (슈퍼마켙 / 슈퍼마켓)을 더 많이 이용하신다.

15 형은 여러 가지 (서포츠 / 스포츠) 가운데서 야구를 가장 좋아한다. 한마디로 야구광이다.

16 야구에서, 타자가 세 번의 스트라이크로 (아울 / 아웃)되는 일을 삼진(三振)이라고 한다.

17 어느 여배우는 체격이 큼직한 경호원들의 (애스코트 / 에스코트)를 받으며 천천히 극장 안으로 들어갔다.

18 언니는 퇴근 후에 (에어로빅 / 에어로빅)으로 부족한 운동량을 보충하고 있다.

19 어느 방송국 사장은 어제 사내 (인트라넬 / 인트라넷)을 통해, "현재 광고 매출 상황은 1997년 외환 위기 당시 보다 2배 이상 심각하다."며 비용 절감을 호소했다.

20 그들은 붉은색 (매직 / 매직)으로 반품될 물건을 표시한다.

21 요리하고 남은 야채는 (랲 / 랩)에 싸서, 냉장고에 넣어 두면 좋겠다.

22 그는 주전자의 물을 (겊 / 컵)에 가득히 따라 마셨다.

23 어느 남자 배우는 영화 촬영장에서 자기도 모르게 '큐'와 '(컽 / 컷)'을 연달아 외친 탓에, 실제로 촬영 감독이 카메라를 정지한 웃지 못할 일이 생기기도 했다.

24 작가는 그 이야기를 (코믹 / 코믹)하게 꾸몄지만, 사실은 슬픈 이야기였다.

25 기차 출발 시각 전에, 역 대합실 빵집에서 (크로켄 / 크로켓)을 몇 개 사 먹었더니, 배가 불러 혼이 났다.

26 이번 (클렆 / 클럽) 대항 전국 축구 대회에, 많은 사람이 참가하여 대성황을 이루었다.

27 400미터 (트랙 / 트랙) 경기에서, 우리 학교 선수가 압도적으로 이겼다.

28 그는 (트롵 / 트로트)(을)를 잘 부른다. 그것은 일제 시대 최승희가 즐겨 부를 만큼, 지식인이 즐기던 노래였다.

29 외국 여행할 때 호텔에서 1불 정도의 (팊 / 팁)을 침대 위에 놓고 방을 나오는 것이 관례이다.

30 그 선수는 (푿워크 / 풋워크)가 좋아서, 상대 선수의 공격을 재빨리 피했다.

31 어느 날 (햄맅 / 햄릿)의 집에 오랜 친구인 호레이쇼가 찾아 왔다. 호레이쇼는 어제 이상한 것을 보았다며 그에게 털어놓았다.

32 여자들이 (힢 / 히프)의 살을 빼려고 다이어트를 열심히 한다.

풀이

01 ▷ 가톨릭(Catholic) : 가톨릭교회나 가톨릭교도를 이르는 말.

02 ▷ 나이프(knife) : 양식(洋食)을 먹을 때 사용하는 작은 칼.

03 ▷ 냅킨(napkin) : 주로 양식(洋食)을 먹을 때, 무릎 위에 펴놓거나 손이나 입을 닦는 데 쓰는 수건이나 휴지.

04 ▷ 노아웃(no out) : 야구에서, 공격하는 편에서 아웃(out)된 사람이 없는 상태.

05 ▷ 뉴욕(New York) : 뉴욕(New York) 주의 남쪽에 있는 미국 최대의 도시.

06 ▷ 디스켓(diskette) : 데이터(data) 입력이나 파일(file) 저장에 사용하는 레코드판(record板)의 자기(磁氣) 기억 매체. 개인용 컴퓨터(computer)에 많이 사용하는 것으로, 연질(軟質)의 플라스틱(plastic)으로 만들어진다.

07 ▷ 디스코텍(discotheque) : 디스코(disco) 음악을 틀어 놓고 손님이 춤을 즐길 수 있는 클럽(club)이나 술집.

08 ▷ 캡(cap) : 머리 모양에 따라 꼭 맞게 된 납작한 모자.

09 ▷ 로맨틱하다(romantic~) : 낭만적인 데가 있다.

10 ▷ 캐비닛(cabinet) : 사무용 서류나 물품 따위를 넣어 보관하는 장(欌). 보통 철제로 만든 직립식 상자로 사무실 바닥에 놓고 쓴다.

11 ▷ 배트(bat) : 야구, 소프트볼(softball), 크리켓(cricket) 따위에서, 공을 치는 방망이.

12 ▷ 백그라운드(background) : 앞에 드러나지 아니한 채, 뒤에서 돌보아 주는 힘.

13 ▷ 세라믹(ceramics) : 고온(高溫)에서 구워 만든 비금속 무기질 고체 재료. 유리, 도자기, 시멘트(cement), 내화물(耐火物) 따위를 통틀어 이른다.

14 ▷ 슈퍼마켓(supermarket) : 식료품, 일용 잡화, 의료품 따위의 가정용품을 갖추

어 놓고 대량, 염가, 현금 판매를 원칙으로 하는 큰 소매점.

15 ▷ 스포츠(sports) : 일정한 규칙에 따라 개인이나 단체끼리 속력, 지구력, 기능 따
위를 겨루는 일. 운동 경기.

16 ▷ 아웃(out) : 야구에서, 타자나 주자가 그 자격을 잃는 일.

17 ▷ 에스코트(escort) : 개인이나 단체가 무사하도록 유도하거나 호위하는 일.

18 ▷ 에어로빅(aerobic) : 미용 체조의 하나. 경쾌한 음악에 맞추어 달리기, 뛰기, 자
전거 타기, 수영 따위의 갖가지 동작을 하면서 심장, 폐의 기능을 활발하게 하여
산소를 많이 들이마시게 하는 춤이다. 1972년 미국에서 시작하였다. 에어로빅댄
스(aerobic dance).

19 ▷ 인트라넷(intranet) : 인터넷(internet)을 이용하여 일정 지역 내에서 정보를 교
환하거나 공동 작업을 하기 위하여 구축한 통신망.

20 ▷ 매직(magic) : 필기도구의 하나. 펜대(pen~) 속에 펠트(felt) 따위의 심을 넣
어, 매직 잉크(magic ink)가 심 끝으로 스며 나오게 하여 쓴다. 매직 펜(magic
pen).

21 ▷ 랩(wrap) : 식품 포장에 쓰는 폴리에틸렌 제(polyethylene 製)의 얇은 막.

22 ▷ 컵(cup) : 물이나 음료 따위를 따라 마시려고 만든 그릇.

23 ▷ 컷(cut) : ① 한 번의 연속 촬영으로 찍은 장면을 이르는 말. ② 인쇄물에 넣는 삽
화. ③ 영화 촬영에서, 촬영을 멈추거나 멈추라는 뜻으로 하는 말.

24 ▷ 코믹하다(comic~) : 웃음을 자아내는 듯이 익살스럽다.

25 ▷ 크로켓(프. croquette) : 서양 요리의 하나. 쪄서 으깬 감자와 다져서 기름에 볶
은 고기를 섞어 둥글게 모양을 낸 뒤, 빵 가루를 묻혀서 기름에 튀겨 만든다.

26 ▷ 클럽(club) : 취미나 친목 따위의 공통된 목적을 가진 사람들이 조직한 단체.

27 ▷ 트랙(track) : 육상 경기장이나 경마장의 경주로(競走路).

28 ▷ 트로트(trot) : 우리나라 대중가요의 하나. 정형화된 리듬(rhythm)에 일본 엔카
[演歌]에서 들어온 음계(音階)를 사용하여, 구성지고 애상적인 느낌을 준다.

29 ▷ 팁(tip) : 시중을 드는 사람에게 고맙다는 뜻으로 일정한 대금 이외에 더 주는 돈.

30 ▷ 풋워크(footwork) : 축구, 권투, 테니스(tennis), 탁구, 배드민턴(badminton), 댄스(dance) 따위에서, 발의 놀림 또는 발을 쓰는 기술을 이르는 말.

31 ▷ 햄릿(Hamlet) : 셰익스피어(William Shakespeare)의 4대 비극의 하나. 덴마크(Denmark) 왕가의 왕위 계승을 둘러싼 유혈 사건을 제재로 하여, 왕자인 햄릿(Hamlet)이 부왕을 독살한 숙부와 불륜의 어머니에게 복수하는 이야기다.

32 ▷ 히프(hip) : 엉덩이.

정답

01. 가톨릭 02. 나이프 03. 냅킨 04. 노아웃 05. 뉴욕 06. 디스켓 07. 디스코텍 08. 캡 09. 로맨틱 10. 캐비닛 11. 배트 12. 백그라운드 13. 세라믹 14. 슈퍼마켓 15. 스포츠 16. 아웃 17. 에스코트 18. 에어로빅 19. 인트라넷 20. 매직 21. 랩 22. 컵 23. 컷 24. 코믹 25. 크로켓 26. 클럽 27. 트랙 28. 트로트 29. 팁 30. 풋워크 31. 햄릿 32. 히프

외래어 표기법 정리 3

제1장 표기의 기본 원칙

제4항 파열음(ㅂ·ㅃ·ㅍ·ㄷ·ㄸ·ㅌ·ㄱ·ㄲ·ㅋ 등) 표기에는 된소리 (ㅃ·ㄸ·ㄲ)를 적지 않는 것을 원칙으로 한다.

(예외) 삐라(일. pira), 껌(gum), 빨치산(partizan), 빵(bread), 샤쓰(shirt), 짬뽕 (일, ちゃんぽん) 등

▷ 제4항은 우리가 외래어를 표기할 때, 단어의 첫머리에 오는 음이나, 끝에 오는 음이나 할 것 없이 '삐라, 껌, 빨치산, 빵, 샤쓰, 짬뽕' 등을 제외하고는 된 소리(ㅃ·ㄸ·ㄲ)를 적지 않는다는 기본 원칙을 제시한 것이다.

예 band 뺀드(×) → 밴드(○)

dance 땐스(×) → 댄스(○)

goal 꼴(×) → 골(○)

삼 회
문제

● **다음 ( ) 안의 외래어 중 알맞은 것을 찾아 ○표 해 보자.**

01 우리나라 축구 대표 선수가 두 (골 / 꼴) 차로 이겼다.

02 그녀는 어느 대학교에서 무용을 가르치면서, 국립 무용단의 (댄서 / 땐서)로 재
   직하고 있다.

03 그는 5인조 록 (밴드 / 뺀드)의 연주에 맞추어 노래를 불렀다.

04 어느 야구 선수는 그 날 운 좋게 세 번이나 (번트 / 뻔트)를 대어 성공하였다.

05 숙부는 어려서부터 장난이 심하였고, 특히 아이들을 모아 일을 꾸미는 데는 선
   수였다. 자신은 언제나 (보스 / 보쓰) 노릇을 하면서 말이다.

06 오늘 밤 10시에 (복싱 / 복씽) 중계방송이 있다고 해서, 대부분의 회사원들은 모
   임을 취소하고 일찍 귀가하였다.

07 신발 밑창이 떨어져 (본드 / 뽄드)를 붙였더니, 몇 달 더 신을 수 있겠다.

08 요즘 젊은이들이 가장 즐겨 입는 옷이 (블루진 / 블루찐)이란다.

09 광장을 건너가자 까마득히 높고 화려한 (빌딩 / 삘딩)들이 죽 잇대어 있었다.

10 내 친구는 시간만 있으면 권투장에 가서 (샌드백 / 쌘드백)을 치며, 몸 단련에 힘쓰고 있다.

11 우리 아이는 토마토 (샐러드 / 쌜러드)를 별로 좋아하지 않는다.

12 그녀는 일찍 학교를 그만 두고 음식점에서 (서빙 / 써빙)을 하며, 다섯 식구의 가족을 부양하고 있는 착한 아가씨다.

13 오늘 본 그 영화는 온통 (서스펜스 / 써스펜스)와 흥분의 도가니였다.

14 나는 그의 (선글라스 / 썬글라스) 낀 얼굴이 이상하게 눈에 익어, 자신도 모르게 발걸음을 멈추었다.

15 그는 미국 장성용(將星用)으로 나온 녹색의 (세단 / 쎄단)을 개성이 없는 차라고 경멸했고, 차라리 위장망(僞裝網)을 씌운 신형 지프에 타기를 좋아했었다.

16 밤이 되자, 그는 애인의 집 창가에서 (세레나데 / 쎄레나데)를 연주하면서, 사랑을 속삭이는 것이 아닌가.

17 어제 교수가 갑자기 (세미나 / 쎄미나)에 참석하는 바람에, 그 과목은 휴강할 수밖에 없었다.

18 그 기계에는 도난 방지를 위한 (센서 / 쎈서)가 설치되어 있다.

19 어느 여인은 (스타킹 / 쓰타킹)에 골이 진 것도 모르고, 하루 종일 신고 다녔단다.

20 우리나라 마라톤 선수가 쾌조의 (스타트 / 쓰타트)를 보여 기대가 크다.

21 식당 출입문을 들어서자, 두 대의 (스토브 / 쓰토브)가 벌겋게 달아서 후끈한 열을 내뿜고 있었다.

22 아들이 공부에 대한 (스트레스 / 스트레쓰) 때문인지 부쩍 짜증이 늘었다.

23 그 단어의 (스펠링 / 쓰펠링)이 어떻게 됩니까?

24 그는 (스폰서 / 스폰써)를 잘 만났기에, 예술 활동에만 전념할 수 있었다.

25 침대의 (스프링 / 쓰프링)이 낡아서 삐걱삐걱 소리가 난다.

26 두꺼운 (시멘트 / 씨멘트) 벽이 옆방에서 새어 나오는 이야기의 내용을 중간에서 가로 막았다.

27 그 사람은 나이가 마흔인데 아직 (싱글 / 씽글)이다.

28 나의 절친한 친구는 어느 주간 신문에 (꽁트 / 콩트)를 3년째 연재하고 있었다.

29 (빠리 / 파리)는 프랑스의 수도이면서 세계적인 예술의 도시로 유명하다. 특히 노트르담 사원, 에펠 탑, 루브르 박물관은 프랑스가 자랑하는 명승지이다.

30 수업을 하고 있는데, 아이들이 갑자기 선생님 양말에 (뻥크 / 펑크)가 났다고 놀리는 바람에, 수업이 제대로 이루어지지 않았다.

31 우리 사무실에 (호찌키스 / 호치키스) 하나 없다니, 한심하기 짝이 없다.

풀이

01 ▷ 골(goal) : 축구나 농구, 핸드볼(handball), 하키(hockey) 따위에서, 문이나 바구니에 공을 넣어 득점하는 일. 또는 그 득점.

02 ▷ 댄서(dancer) : ① 무용을 전문적으로 하거나 잘 하는 사람. ② 손님을 상대하여 사교춤을 추는 것을 직업으로 하는 여자.

03 ▷ 밴드(band) : 각종 악기로 음악을 합주하는 단체. 주로 경음악을 연주한다.

04 ▷ 번트(bunt) : 야구에서, 투수가 던진 공이 가까운 거리에 떨어지도록 타자가 배트(bat)를 공에 가볍게 대듯이 맞추는 일.

05 ▷ 보스(boss) : 실권을 쥐고 있는 최고 책임자.

06 ▷ 복싱(boxing) : 권투(拳鬪).

07 ▷ 본드(bond) : 나무, 가죽, 고무 따위의 물건을 붙이는 데 쓰는 물질.

08 ▷ 블루진(blue jeans) : 청바지.

09 ▷ 빌딩(building) : 내부에 많은 임대 사무실을 가지고 있는 서양식의 고층 건물.

10 ▷ 샌드백(sandbag) : 권투에서, 치는 힘을 기르고 치는 방법을 연습하기 위하여 천장에 매단 모래주머니.

11 ▷ 샐러드(salad) : 서양 요리의 하나. 생야채나 과일을 주재료로 하여, 마요네즈(mayonnaise)나 프렌치드레싱(French dressing) 따위의 소스(sauce)로 버무린 음식이다.

12 ▷ 서빙(serving) : 음식점이나 카페(cafe) 따위에서 음식을 나르며 손님의 시중을 드는 일.

13 ▷ 서스펜스(suspense) : 영화, 드라마(drama), 소설 따위에서 줄거리의 전개가 관객이나 독자에게 주는 불안감과 긴박감.

14 ▷ 선글라스(sunglass) : 강렬한 햇빛 따위로부터 눈을 보호하기 위하여 쓰는, 색깔 있는 안경. 보통 니켈(nickel), 크롬(독. Chrom), 세륨(cerium) 따위의 산화물로 착색한 색유리를 쓰거나, 때로는 편광(偏光) 유리도 사용된다.

15 ▷ 세단(sedan) : 좀 납작한 상자 모양에 지붕이 있고 운전석과 뒷좌석 사이에 칸막이를 하지 않았으며, 4~5명이 타게 되어 있는 보통의 승용차.

16 ▷ 세레나데(serenade) : 저녁 음악이라는 뜻으로, 밤에 연인의 집 창가에서 부르거나 연주하던 사랑의 노래. 18세기 말에 이르러 짧은 길이로 된 기악 모음곡 형태로 발달하였다.

17 ▷ 세미나(seminar) : 전문인 등이 특정한 주제로 행하는 연수회나 강습회.

18 ▷ 센서(sensor) : 소리, 빛, 온도, 압력 따위의 여러 가지 물리량을 검출하는 소자(素子). 또는 그 소자를 갖춘 기계 장치.

19 ▷ 스타킹(stocking) : 목이 긴 여성용 양말. 나일론(nylon) 따위로 만들어 얇고 신축성이 강하다.

20 ▷ 스타트(start) : 시작. 출발.

21 ▷ 스토브(stove) : 난로(煖爐).

22 ▷ 스트레스(stress) : 적응하기 어려운 환경에 처할 때 느끼는 심리적·신체적 긴장 상태. 장기적으로 지속되면 심장병, 위궤양, 고혈압 따위의 신체적 질환을 일으키기도 하고 불면증, 노이로제(neurosis), 우울증 따위의 심리적 부적응을 나타내기도 한다.

23 ▷ 스펠링(spelling) : 표음 문자, 특히 유럽 어(Europe語)를 바르게 철자하는 일. 또는 그런 철자.

24 ▷ 스폰서(sponsor) : 행사, 자선 사업 따위에 기부금을 내어 돕는 사람.

25 ▷ 스프링(spring) : 용수철.

26 ▷ 시멘트(cement) : 건축이나 토목 재료를 쓰는 접합제. 석회석과 진흙과 적당량의 석고를 섞어 이긴 것을 구워서 가루로 만든 것이다.

27 ▷ 싱글(single) : 독신. 미혼.

28 ▷ 콩트(프. conte) : 단편 소설보다 짧은 소설. 대개 인생의 한 단면을 예리하게 포
착하여 그리는 데 유머(humor), 풍자, 기지를 담고 있다.

29 ▷ 파리(Paris) : 프랑스(France) 센 강(Seine江) 중류에 있는 도시 이름. 기계, 자
동차, 항공기 따위의 공업이 활발하다.

30 ▷ 펑크(puncture) : 의복이나 양말 따위가 해져서 구멍이 뚫리는 일. 또는 그 구멍.

31 ▷ 호치키스(Hotchkiss) : '스테이플러(stapler)'를 달리 이르는 말. 'ㄷ'자 모양으
로 생긴 철사 침(針)을 사용하여 서류 따위를 철하는 도구. 스테이플러(stapler)
의 고안자인 미국의 발명가 호치키스(Hotchkiss)의 이름을 딴 상표 이름이다.

정답

01. 골 02. 댄서 03. 밴드 04. 번트 05. 보스 06. 복싱 07. 본드 08. 블루진 09. 빌딩 10. 샌
드백 11. 샐러드 12. 서빙 13. 서스펜스 14. 선글라스 15. 세단 16. 세레나데 17. 세미나 18. 센서
19. 스타킹 20. 스타트 21. 스토브 22. 스트레스 23. 스펠링 24. 스폰서 25. 스프링 26. 시멘트
27. 싱글 28. 콩트 29. 파리 30. 펑크 31. 호치키스

제1장 표기의 기본 원칙

　제5항 이미 굳어진 외래어는 관용(慣用)을 존중하되 그 범위와 용례는 따로 정한다.

▷ 외래어 표기법 규정에 따른 표기가 관용(慣用) 발음과 어긋나는 경우에는, 관용(慣用)을 존중한다는 뜻으로 예외를 인정하고 있다. 그렇기 때문에 외래어는 가능하면 사전을 참고하여 옳은 표기를 확인하고, 사용하는 것이 바람직하다.

예 camera 카메러(×) → 카메라(○)

　　system 시스팀(×) → 시스템(○)

　　radio 래디오(×) → 라디오(○)

사 회
문제

● 다음 ( ) 안의 외래어 중 알맞은 것을 찾아 ○표 해 보자.

01 대자리는 보통 2~4년생 대나무를 사용하는데, 노란색이 강하며 표면에 윤기가 도는 것이 가장 좋다. 최근에는 오랫동안 보존하기 위해 (니스 / 니쓰) 칠을 하기도 한다.

02 어느 호텔에서는 바비큐 요리 축제를 11월 한 달 간 선보인다. 오리 (로스 / 로쓰) 구이, 겨자 소스로 맛을 낸 쇠고기, 양고기, 왕새우와 가리비 등을 눈앞에서 구워 내놓는다.

03 광대는 나에게 끌려오면서도 (로큰롤 / 로클롤)에 맞추어 스텝을 밟았다.

04 대전, 충남 지역에는 23일까지 5~30 (미리 / 밀리)의 비가 내릴 것으로 예상돼, 보령과 서천 등 비교적 가뭄이 심했던 충남 남부권 일부 지역의 밭작물 해갈에 다소 도움이 될 것이다.

05 퇴근길에 한 잔을 외쳐대던 (새러리맨 / 샐러리맨)들이 주머니가 가벼워지자, 퇴근하기가 무섭게 귀가하는 데서 오늘날의 경제난을 짐작할 수 있다.

06 노란 (사쓰 / 샤쓰) 입은 말없는 그 사람이 / 어쩐지 나는 좋아 어쩐지 맘에 들어.

07 요사이 (오도바이 / 오토바이)를 이용한 화물 배달 서비스가 점차 늘고 있는 추세다.

08 그동안 방구석에 쌓아 둔 양복과 (와이사쓰 / 와이샤쓰) 두어 벌을 세탁소에 맡겼다.

09 자동차에 (왁스 / 왁쓰)를 발라 광을 냈다.

10 여느 때와 다름없이 (위스키 / 위쓰키)를 들이켜고 시추 작업을 하던 그에게 거대한 굉음이 들린다. 검은 기둥이 하늘을 향해 분수처럼 치솟는다.

11 (이튼 / 잇튼) 칼리지 뒤뜰에는 나무에서 하얀 꽃잎이 바닥에 떨어져, 바람에 뒹구는 모습이 매우 운치 있게 보였다.

12 (지루박 / 지르박) 댄스는 리듬을 타면서 즐기는 스포츠로서, 자연스럽게 스트레스를 해할 수 있으며, 적절한 운동량으로 몸매를 아름답고 균형 있게 만들어주며, 항상 젊음을 유지할 수 있게 도와준다.

13 거의 (카레라이스 / 칼레라이스) 한 그릇을 비웠을 때, 임 기자(記者)가 윤(尹)을 보고 눈짓을 했다.

14 그 팸플릿은 매실 엑기스와 토마토 (케첩 / 케첩) 및 겨자 혼합액을 발라서 2차 구이를 하는 돼지갈비 요리 방법에 관한 것이다.

15 철수는 잠시 말을 중단하고, 비취색 (골덴 / 코르덴) 외투 주머니에서 담배와 라이터를 꺼내 놓았다.

16 부드러운 (코톤 / 코튼/ 콧튼)의 편안한 촉감이 사람을 기분 좋게 만들기 때문에, 내년 봄과 여름에 우리 곁을 찾을 것으로 보인다.

17 전기를 많이 소모하는 컴퓨터나 텔레비전 (코센트 / 콘센트 / 콧센트)만 빼 놓아도, 전기 사용량을 많이 줄일 수 있다.

18 어느 드라마 연출가는 프로그램이 짜여진 (코온티 / 코티 / 콘티)가 아니라, 현장 상황에 따라 만들어지므로, 스케치북에 앞뒤 이야기를 하나의 스토리로 연결하는 그림을 그려가면서 촬영을 지시하기도 한다.

19 남성들의 끈적거리는 우정만큼이나 타오르는 우정을 과시하는, 여성 (코온비 / 콘비 / 콤비)가 곧 탄생하게 될 것이다.

20 둥근 모자, 선 그라스, 얼룩무늬 (티사스 / 티사쓰 / 티셔츠)를 입은 멋쟁이 마도로스가, 관중을 보고 손짓을 한다.

21 마루에서 내비치는 침침한 남폿불 빛에, 여인의 (파마 / 파아마 / 파머)가 소쿠리처럼 커다랗게 비쳐 보인다.

22 (펀커 / 펀크 / 펑커 / 펑크)가 난 자전거를 억지로 탔더니 엉덩이와 허벅지가 저리다.

23 여름에는 바닷물의 기온이 상승한다. 그러면 (프랑크턴 / 프랑크톤 / 플랑크턴 / 플랑크톤)이 살기 좋은 환경이 되고, 이상 번식을 하여 개체수가 많아진다.

24 그는 전혀 힘들이지 않고 환자의 팔에 바늘을 꽂고, 단번에 주사기의 (피스턴 / 피스톤) 을 눌렀다. 그는 순식간에 모든 저항력을 잃어버렸다.

25 문득 복도 저편으로부터, 여인의 (하이일 / 하이힐 / 하히일 / 하히힐) 굽 소리가 또박또박 들려왔다.

26 오늘 저녁 뉴스에 (히러뽕 / 히로뽕 / 히루뽕) 밀매 사건이 크게 보도되었다.

풀이

01 ▷ 니스(varnish) : 도료(塗料)의 한 가지. 수지(樹脂) 따위를 녹여 만든 투명, 반투명의 액체로, 바르면 윤기가 남.

02 ▷ 로스(roast) : ① 고기 따위를 직접 불에 굽는 것. ② 고기 따위를 뜨겁게 단 재에 묻어서 굽는 것. ③ 소, 돼지, 양 따위의 어깨 부분의 살. 불고기에 적당하다.

03 ▷ 로큰롤(rock and roll) : 1950년대 미국에서 발생한 대중음악. 흑인 특유의 리듬 앤드 블루스(rhythm and blues)와 백인의 컨트리 음악(country音樂)의 요소를 곁들인, 강한 비트(beat)의 열광적인 음악이다.

04 ▷ 밀리(millimeter) : 미터법(meter法)에 의한 길이의 단위. 1밀리(milli)는 1미터(meter)의 1000분의 1이다.

05 ▷ 샐러리맨(salaried man) : 봉급으로 생활하는 사람.

06 ▷ 샤쓰(shirts) : 서양식 윗옷. 양복저고리 안에 받쳐 입거나 겉옷으로 입기도 한다.

07 ▷ 오토바이(autobicycle) : 원동기를 장치하여 그 동력으로 바퀴가 돌아가게 만든 자전거.

08 ▷ 와이셔츠(white shirts) : 양복 바로 안에 입는 서양식 윗옷. 칼라(collar)와 소매가 달려 있고, 목에 넥타이(necktie)를 매게 되어 있다.

09 ▷ 왁스(wax) : 마루나 가구, 자동차 따위에 광택을 내는 데 쓰는 납(蠟).

10 ▷ 위스키(whiskey) : 보리, 밀, 수수 따위의 맥아에 효모를 넣어 발효시킨 후 이를 증류하여 만든 술. 알코올(alcohol) 함유량은 41~61%이며 영국산 스카치위스키(Scotch whisky)가 세계적으로 유명하다.

11 ▷ 이튼(Eton) : 영국 런던 서쪽에 있는 도시. 템스 강(Thames江) 왼쪽 기슭에 있으며, 영국 최대의 사립학교인 이튼 칼리지(Eton College)가 유명하다.

12 ▷ 지르박(jitterbug) : 1930년대 후반부터 미국에서 유행한 사교춤. 4분의 4박자의 속도에 맞추어 남녀가 다가서기도 하고 떨어지기도 하는, 자유로운 동작을 가미한 것이 특징이다.

13 ▷ 카레라이스(curried rice) : 인도 요리의 하나. 고기와 감자, 양파 따위의 채소를 넣어 익힌 국물에 카레(curry) 가루와 밀가루를 섞어 되직하게 끓인 것을 쌀밥에 얹는다.

14 ▷ 케첩(ketchup) : 영국의 부유층들이 아시아에서 들여온 케치압(ketsiap)이라는 소스(sauce)에 첨가물로 호두와 버섯을 넣기 시작했고, 이를 원산지의 이름을 따서 케첩(ketchup)이라고 불렀다.

15 ▷ 코르덴(corded veleteen) : 누빈 것처럼 골이 지게 짠 우단과 비슷한 옷감.

16 ▷ 코튼(cotton) : ① 면화. 목면(木棉). ② 면포. 무명. ③ 면사. ④ '코튼지(cotton 紙)'의 준말.

17 ▷ 콘센트(concentric plug) : 전기 배선과 코드(cord)의 접속에 쓰는 기구. 여기에 플러그(plug)를 끼우게 되어 있다.

18 ▷ 콘티(continuity) : 영화나 텔레비전 드라마(television drama)의 촬영을 위하여 필요한 모든 사항을 기록한 것. 장면의 변화, 화면의 크기, 촬영 각도와 위치에서부터 의상, 소품, 대사, 액션(action) 등.

19 ▷ 콤비(combination) : ① 어떤 일을 하기 위하여 두 사람이 짝을 이루는 일. 또는 그 두 사람. 예 한국 축구 대표 팀은 최전방 공격수 두 사람이 콤비를 이루는 공격 형태를 주요 전술로 택하고 있다. ② 아래위가 다른 천으로 된 양복 한 벌. 또는 그 윗옷. 예 그에게는 정장보다 콤비 차림이 훨씬 자유로워 보인다.

20 ▷ 티셔츠(T-shirts) : 'T'자 모양으로 생긴 반소매 셔츠(shirt).

21 ▷ 파마(permanent) : 머리를 전열기나 화학 약품을 이용하여 구불구불하거나 곧게 펴서, 그런 모양으로 오랫동안 지속되도록 만드는 일. 또는 그렇게 한 머리.

22 ▷ 펑크(puncture) : ① 고무 튜브(tube) 따위에 구멍이 나서 터지는 일. 또는 그 구멍. 예 타이어에 펑크가 나다. ② 일이 중도에 틀어지거나 잘못되는 일. 예 일

이 엉뚱한 데서 펑크가 났다.

23 ▷ 플랑크톤(plankton) : 물속의 물결에 따라 떠다니는 미생물을 통틀어 이르는 말. 규조(硅藻) 따위의 식물 플랑크톤(plankton)과 물벼룩과 같은 동물 플랑크톤(plankton)이 있으며, 어류의 먹이로 수산학 상 중요한 의의가 있다.

24 ▷ 피스톤(piston) : 유체(流體)의 압력을 받아 실린더(cylinder) 속을 왕복 운동하는 원판형 또는 원통형의 부품.

25 ▷ 하이힐(high heeled shoes) : 굽이 높은 여자용 구두.

26 ▷ 히로뽕(Philopon) : 메스암페타민(methamphetamine)의 상품명. 무색 결정 또는 흰 가루로, 냄새가 없는 각성제이다. 남용하면 불면, 환각 따위의 중독 증상이 나타난다.

정답

01. 니스 02. 로스 03. 로큰롤 04. 밀리 05. 샐러리맨 06. 샤쓰 07. 오토바이 08. 와이셔츠
09. 왁스 10. 위스키 11. 이튼 12. 지르박 13. 카레라이스 14. 케첩 15. 코르덴 16. 코튼 17. 콘센트
18. 콘티 19. 콤비 20. 티셔츠 21. 파마 22. 펑크 23. 플랑크톤 24. 피스톤 25. 하이힐 26. 히로뽕

제2장 영어의 표기

제1항 무성 파열음([p], [t], [k])

1. 짧은 모음 다음의 어말 무성 파열음([p], [t], [k])은 받침으로 적는다.

예 gap[gæp] 갭, cat[kæt] 캣, book[buk] 북

오 회
문제

● **다음 (　) 안의 외래어 중 알맞은 것을 찾아 ○표 해 보자.**

01 신문의 정치 (가시브난 / 가십난 / 가십란)을 보면, 정치인들의 시시콜콜한 얘기 까지 다루고 있어 역겨울 때가 있다.

02 전구를 (소캣 / 소케트 / 소켙 / 소켓)에 끼우다.

03 그들은 조용한 블루스 곡에 맞추어, 조심스럽게 (스테프 / 스텝 / 스텦)을(를) 옮 겨 나갔다.

04 김 사장의 일 (캐러트 / 캐럿 / 케럿)짜리 다이아몬드도, 회전의자도, 사장실도 모두 사랑스러웠다.

05 러시아에서는 벌써 몇 번째 (로캣 / 로케트 / 로켓)을 발사할지도 모른다.

06 먼 곳으로 떠나는 대형 화물 (추럭 / 트러크 / 트럭)들이 벌써 신선한 새벽에 출 발한 뒤였다.

07 다음 주에 공연하는 연극 (팜플렛 / 팸플리트 / 팸플릿)이(가) 나왔습니까?

08 신문 기사의 (스커랩 / 스크래프 / 스크랩)이(가) 편지에 동봉되어 있었다.

09 푹신한 (카페트 / 카펫) 위에서는 방석이 필요치 않습니다.

10 그 친구는 학벌이 낮은 것이 최대의 (핸디캐프 / 핸디캡 / 핸디캪)이라고(라고) 한다.

11 종두가 (트럼펟 / 트럼페트 / 트럼펫)을(를) 불자, 철수는 신기한 듯 두 눈을 말 똥거리며 바싹 다가앉는다.

12 그들은 (인터냇 / 인터네트 / 인터넷)에 자사(自社)의 광고를 올렸다.

13 역이나 버스 정류소 혹은 사람들이 붐비는 네거리 같은 데선, 아이를 찾는 (피케 트 / 피켓 / 피켈)을(를) 만들고 있는 사람이 있어서 사람들의 눈길을 끌기도 하 였다.

14 날씨가 추워지니까, 방한용 (자켓 / 재키트 / 재킷)이(가) 잘 팔린다.

15 김 대위는 광목 붕대의 두루마리를 끌러 환자의 발등을 투박스럽도록 감고, (크 립 / 클리브 / 클립)을 물렸다.

16 저의 (타기트 / 타겟 / 타깃 / 타켓)은(는) 모의고사에서 380점을 받는 것입니다.

17 우리 공장에서는 (로보트 / 로봇)가(이) 힘든 일을 합니다.

18 아침에 일어나 보니, 자동차 (보니트 / 보닛 / 본네트 / 본넷) 위에 눈이 소복이 쌓여 있었다.

19 선두를 달리던 마라톤 선수는, 결승점까지 (논스토브 / 논스톱 / 논스톺)으로 (로) 달려 우승하였다.

20 아기가 이가 나더니 (비스켓 / 비스키트 / 비스킷)을(를) 잘 먹는다.

21 비행기가 활주로에 멎고 뒤이어 엔진이 꺼진 후, 비행기 문에 (트래프 / 트랩 / 트렙)이(가) 붙여졌다.

22 김 기자(記者)는 기관총 옆에 바싹 붙어 누워서, 연속 사격을 할 때 튀어 나오는 탄피와 하늘을 배경으로 해서 (클로스업 / 클로즈어브 / 클로즈업)으로 촬영했다.

23 전철역 주변에 (스내크 / 스낵 / 스넥) 코너들이 많이 있다.

24 그녀는 이번 영화의 여주인공으로 (픽어브 / 픽업 / 픽업)될 가능성이 높다.

25 아들이 오토바이 사고를 낸 뒤에 '나는 왜 (핼맷 / 헬메트 / 헬멧)을(를) 꼭 쓰라고 하지 않았을까?' 하고 얼마나 후회를 했는지 모른다.

26 먼저 오는 사람이 영화관 (티캣 / 티케트 / 티켓)을(를) 예매하기로 했다.

27 도심지의 땅값 상승으로 도심지 거주 인구가 적어지고, 변두리에 주택이 증가하여 그 배치 상태가 (도나스 / 도너스 / 도넛) 모양을 이루고 있다.

28 그녀는 시간이 나면 (라캣 / 라케트 / 라켓)으로(로) 공을 벽면에 대고 치는 운동을 한다.

29 그녀는 외출하기 전 머리를 빗고 입술에 붉은 (립스티크 / 립스틱)을(을) 칠하였다.

30 지난달 초등학교 운동장에서 운동회가 열렸을 때, (스내브 / 스냅 / 스넵)을 몇 장 찍어 조카에게 선물했다.

31 올림픽 개막식에서 참가국들이 (알파베트 / 알파벳)순으로 입장하여 관중의 환호를 받았다.

32 철수는 동대구 호텔의 (커피쇼프 / 커피숍 / 커피슙)에서 한나절을 앉아 있었는데, 거기서 영희를 처음 보았다.

33 그는 외투(포케트 / 포켓) 속에서 담배를 꺼내 입에 물었다.

34 축구 경기에서 우리나라 팀이 (프리키크 / 프리킥 / 프리킥)으로 한 점을 만회했다.

풀이

01 ▷ 가십(gossip) : ① 세상의 뜬소문. 항설(巷說). 예 국회의원의 동정(動靜) 가십난
　　에 실리다. ② 만필(漫筆).

　 ▷ '가십'이 외래어이기 때문에 '가십난'이 맞다. '난(欄)'은 한자어와 결합할 때는
　　'-란(欄)'으로 쓰고, 외래어나 고유어와 결합할 때는 '-난'으로 쓴다. 예 스포츠난
　　에 우리 팀이 이긴 내용을 크게 다루었군요.(외래어와 결합한 경우) / 요즘 신문
　　들은 주부 독자들을 위해 가정란을 알차게 꾸미고 있다.(한자어와 결합한 경우)

02 ▷ 소켓(socket) : 전기 부품의 하나. 즉 전구 따위를 끼워 넣어 전선과 접속하게 하
　　는 기구. 예 컴퓨터 주 기관에 설치된 소켓에 부속품을 꽂다.

03 ▷ 스텝(step) : 볼링(bowling) 따위의 운동 경기나 댄스(dance)에서, 동작의 단위
　　가 되는 발과 몸의 움직임.

04 ▷ 캐럿(carat) : 보석의 무게를 잴 때 쓰는 단위. 1캐럿(carat)은 약 205mg에 해당
　　한다.

05 ▷ 로켓(rocket) : 화약 · 액체 연료 등의 폭발로 추진하는 비행체. 연료의 연소에
　　필요한 산소도 함께 가지고 있으며 기상관측, 우주 개발, 무기 따위에 이용된다.

06 ▷ 트럭(truck) : 화물 자동차. 예 트럭 운전수. / 트럭을 몰다. / 짐을 가득 실은 트
　　럭. / 이삿짐을 트럭 두 대에 나누어 실었다.

07 ▷ 팸플릿(pamphlet) : ① 설명이나 광고, 선전 따위를 위하여 얄팍하게 맨 작
　　은 책자. 예 이번 출판 기념회를 위하여 신문이나 잡지에 광고를 내고, 포스터
　　(poster)와 팸플릿도 준비하기로 했다. ② 시사 문제에 대한 소논문.

08 ▷ 스크랩(scrap) : 신문, 잡지 따위에서 필요한 글이나 사진을 오림. 또는 그런 것.

09 ▷ 카펫(carpet) : 짐승의 틀을 굵은 베실에 박아 짠 피륙. 방이나 마룻바닥의 깔개

로 쓰임. 예 응접실의 카펫에 담뱃불이 떨어져, 구멍이 여러 군데 난 걸 내려다보면서 말했다.

10 ▷ 핸디캡(handicap) : 자신에게 특별히 불리하게 작용하는 여건.

11 ▷ 트럼펫(trumpet) : 직경이 작은 원통형의 관으로 된 금관 악기의 하나. 원래 신호용의 나팔이 발달된 것으로, 밸브(valve)나 피스톤(piston)을 세 개 갖추어 발음 능력을 더한 것이다. 예 트럼펫을 불다. / 트럼펫 소리가 구슬프고 처량하게 들려 왔다.

12 ▷ 인터넷(internet) : 전 세계의 컴퓨터(computer)가 서로 연결되어 정보를 교환할 수 있는, 하나의 거대한 컴퓨터(computer) 통신망. 예 요즈음 인터넷 사용자가 많이 늘어났다. / 인터넷 홈페이지(home page) 건설. / 인터넷에 연결하다.

13 ▷ 피켓(picket) : 어떤 주장을 알리기 위하여 그 내용을 적어서 들고 다니는 자루 달린 널빤지.

14 ▷ 재킷(jacket) : 위에 입는 짧은 상의의 총칭.

15 ▷ 클립(clip) : ① 종이 같은 것을 끼워두는 쇠. ② 머리카락을 곱슬곱슬하게 만들기 위해 감는 기구.

16 ▷ 타깃(target) : ① 사격 · 궁도 등의 과녁. 표적(標的). ② 어떤 일의 목표. 또는 공격 · 비난의 대상.

17 ▷ 로봇(robot) : 복잡 정교한 기계 장치에 의하여 손발 및 신체 각 부위가 규칙적으로 활동하는 자동인형. 인조인간(人造人間).

18 ▷ 보닛(bonnet) : ① 턱 밑에서 끈을 매게 되어 있는 챙 없는 여자나 어린이용의 모자. ② 자동차의 엔진 덮개.

19 ▷ 논스톱(nonstop) : ① 자동차나 기차, 비행기 따위의 탈것이 중간에 서는 곳 없이 목적지까지 감. 예 서울에서 프랑스 파리까지 논스톱 항로를 개설하였다. / 우리가 탄 기차는 논스톱으로 달려 부산에 도착했다. ② 어떤 행위나 동작을 멈추지 아니하고 계속함.

20 ▷ 비스킷(biscuit) : 밀가루에 설탕 · 버터(butter) · 우유를 섞어 구운 마른 과자.

21 ▷ 트랩(trap) : 배나 비행기 등을 타고 내릴 때 사용하는 사다리. 예 비행기의 트랩을 오르다. / 항구에 도착한 배에서 트랩이 내려졌다.

22 ▷ 클로즈업(close up) : ① 영화나 텔레비전(television)에서, 등장하는 배경이나 인물의 일부를 화면에 크게 나타내는 일. ② 어떤 문제가 크게 사회의 관심거리로 나타남. 또는 그런 것.

23 ▷ 스낵(snack) : 정해진 식사 사이에 먹는 가벼운 식사.

24 ▷ 픽업(pick up) : 여러 가운데에서 골라 냄.

25 ▷ 헬멧(helmet) : 머리를 충격으로부터 보호하기 위하여 쓰는 모자. 쇠나 플라스틱(plastic)으로 되어 있으며 주로 군인, 광부, 공사장 인부, 야구 선수 등이 쓴다. 예 헬멧을 벗다. / 헬멧을 쓰다.

26 ▷ 티켓(ticket) : ① 입장권, 승차권, 구매권 따위의 표. 예 왕복 티켓. / 티켓을 끊다. / 톨게이트(tollgate)에서 티켓을 내고, 두 사람은 덜컹이는 도로로 접어들었다. ② 특정한 것을 할 수 있는 자격 또는 그런 증명서. 예 두 팀은 본선에 진출할 티켓을 놓고 한판 승부를 벌였다.

27 ▷ 도넛(doughnut) : 밀가루에 베이킹파우더(baking powder), 설탕, 달걀 따위를 섞어 이겨서, 경단이나 고리 모양으로 만들어 기름에 튀긴 과자.

28 ▷ 라켓(racket) : 테니스(tennis) · 배드민턴(badminton) · 탁구 따위에서, 공 또는 셔틀콕(shuttlecock)을 치는 기구.

29 ▷ 립스틱(lipstick) : 여자들이 화장할 때 입술에 바르는 연지. 막대 모양이다. 루주(rouge).

30 ▷ 스냅(snap) : 스냅 사진(snap寫眞). 움직이는 피사체를 재빨리 찍는 사진.

31 ▷ 알파벳(alphabet) : 그리스 문자(Greece文字), 로마자(Rome字) 따위의 구미(歐美)언어의 표기에 쓰는 문자들을 통틀어 이르는 말. 흔히 로마자(Rome字)를 이른다.

32 ▷ 커피숍(coffee shop) : 주로 커피차(coffee茶)를 팔면서, 사람들이 이야기하거나 쉴 수 있도록 꾸며 놓은 가게.

33 ▷ 포켓(pocket) : 옷의 일정한 곳에 헝겊을 달거나 옷의 한 부분에 헝겊을 덧대어
       돈, 소지품 따위를 넣도록 만든 부분. 주머니. 호주머니.

34 ▷ 프리킥(free kick) : 럭비(rugby)나 축구에서, 심판에 의하여 반칙으로 지적되었
       을 때, 상대편에게 주어지는 킥(kick). 킥(kick)을 하는 동안은 상대편의 방해를
       받지 않는다.

정답

01. 가십 02. 소켓 03. 스텝 04. 캐럿 05. 로켓 06. 트럭 07. 팸플릿 08. 스크랩 09. 카펫 10.
핸디캡 11. 트럼펫 12. 인터넷 13. 피켓 14. 재킷 15. 클립 16. 타깃 17. 로봇 18. 보닛 19. 논스톱
20. 비스킷 21. 트랩 22. 클로즈업 23. 스낵 24. 픽업 25. 헬멧 26. 티켓 27. 도넛 28. 라켓 29.
립스틱 30. 스냅 31. 알파벳 32. 커피숍 33. 포켓 34. 프리킥

외래어 표기법 정리 6

제2장 영어의 표기

제1항 무성 파열음([p], [t], [k])

2. 짧은 모음과 유음, 비음([l], [r], [m], [n]) 이외의 자음 사이에 오는 무성 파열음([p], [t], [k])은 받침으로 적는다.

예 apt[æpt] 앱트, setback[sétbæk] 셋백, act[ækt] 액트

육 회
문제

● **다음 ( ) 안의 외래어 중 알맞은 것을 찾아 ○표 해 보자.**

01 철수는 어디서 배워 왔는지 모르지만, (스트리프 쇼 / 스트립 쇼 / 스트맆 쇼)를
    흉내 낸 도발적인 춤으로 인기를 모으기도 했다.

02 목이 말라 복숭아 (넥타 / 네크타 / 넥타)를 마셨다.

03 그는 맥주 글라스에 양주를 조금 따르더니, 콜라로 (카크테일 / 칵태일 / 칵테일)
    을 만들었다.

04 오 분을 채 못 기다려 삼랑진 쪽에서 검은 연기를 내뿜으며, 기차가 (플래트폼 /
    플래폼 / 플랫폼)으로 미끄러져 들어왔다.

05 그는 자동차를 구입하면서 (오프션 / 옵선 / 옵션)을 모두 선택했다.

06 공부방의 밝기는 6백 (러크스 / 럭스 / 룩스) 정도가 알맞지요.

07 그들은 (리샙선 / 리셉션 / 리셒션)에 영화배우들을 초청하였다.

08 그들은 (악세사리 / 애그서리 / 액세서리) 가게에서 머리핀을 한 개 샀다.

09 지난해 우리 지역에 산불이 나서 2백 (헤크타르 / 헥타 / 헥타르)의 산림이 소실
    됐다.

10 우리 형은 모든 면에서 뛰어난 능력을 지녔으면서도, 평생을 어디에도 소속되지
    않고(아우트사이더 / 아웃사이더 / 아웃사이드)로 지냈다.

11 그는 시원하게 뚫린 (아우트코스 / 아웃코스 / 아웃코오스)를 좋아한다.

12 손이 몹시 떨리고, 더욱이 한 손으로 약 (캐프슐 / 캡슐 / 캡슐)을 열어 가루를 흘
    리지 않게 하려면, 꽤 조심을 해야 했다.

13 그의 꼬장꼬장한 태도와 엄숙한 표정은, 열락(悅樂)의 (액스타시 / 에크스터시 /
    엑스터시)에 취한 분위기와 전혀 어울리지 않았다.

14 그는 만년(萬年) (액스트라 / 에크스트라 / 엑스트라)에서, 어느 영화의 주인공
    으로 발탁되었다.

15 우리나라의 어느 권투 선수가 1회전이 채 끝나기도 전에 (노크다운 / 녹다운 /
    녹따운)되어, 경기가 싱겁게 끝나고 말았다.

16 무거운 수레는 내리막길에 들어서자, (애크셀러레이터 / 액셀러레이터 / 엑셀러
    레이터)를 밟은 듯 가속이 붙어 무섭게 달리기 시작하였다.

17 무대에서 대사를 놓쳤는지 그의 (애크션 / 액션 / 엑션)은 어색하게 보였다.

18 한 개의 전구용으로 1차 단자는 일반 소켓에 맞도록, 2차 단자는 저전압 전구의
    소켓에 맞도록 설계된 변압기를 (어대프터 / 어댑터 / 어덥터) 변압기라고 한다.

19 이번 베이징 올림픽에서 우리나라가 종합 성적 세계 7위를 함으로써, 세계에서
    유일한 분단국가임에도 불구하고 우리나라에는 세계 (토브클래스 / 톱클래스 /

톱클래스) 선수들이 많이 있음을 증명해 보였다.

20 신문사에서 전화가 왔는데, 오늘 중으로 원고를 (패그스 / 팩스 / 펙스)로 보내
달라고 하더라.

21 아무리 들어봐도 그 이야기는 (픽션 / 픽션)이 아니라, 철수 자신의 생생한 체험
을 형상화한 것이라는 확신이 들었다.

22 우리 애는 끼니때마다 (하트도그 / 핫도그 / 핫독)만 찾아, 속이 상할 때가 많다.

23 우리나라와 북한 사이에 (하트라인 / 핫라인 / 핥라인)이 판문점에 개설되어 있
다. 사고나 긴급한 일이 있을 때 연락하기 위하여 오래전에 개통되었다.

풀이

01 ▷ 스트립 쇼(strip show) : 선정적인 감정을 일으킬 목적으로, 무용수가 음악에 맞추어 옷을 벗어가며 진행하는 쇼.

02 ▷ 넥타(nectar) : 과일을 으깨어 만든 진한 주스(juice).

03 ▷ 칵테일(cocktail) : 위스키(whisky), 브랜디(brandy), 진(gin) 따위의 독한 양주를 적당히 섞은 후 감미료나 방향료(芳香料), 따위를 얼음과 함께 혼합한 술. 예 그 사나이는 누워 자기 전에 꼭 칵테일을 한 잔 마신다.

04 ▷ 플랫폼(platform) : 역이나 정거장에서 기차를 타고 내리는 곳. 예 표를 사 가지고 플랫폼으로 가다.

05 ▷ 옵션(option) : 각종 기기에서, 표준 장치 이외에 구입자의 기호에 따라 별도로 선택하여 부착할 수 있는 장치나 부품.

06 ▷ 럭스(lux) : 조명도(照明度)의 단위.

07 ▷ 리셉션(reception) : 어떤 사람을 환영하거나 어떤 일을 축하하기 위하여 베푸는 공식적인 모임. 예 리셉션을 베풀다. / 리셉션에 참석하다.

08 ▷ 액세서리(accessory) : 복장에 딸려서 그 조화를 꾀하는 장식품.(넥타이, 핸드백, 모자, 장갑, 브로치, 이어링 따위)

09 ▷ 헥타르(hectare) : 미터 법(meter法)의 토지 면적 단위. 100아르(are). 즉, 10,000 제곱미터(~meter).

10 ▷ 아웃사이더(outsider) : 사회의 기성 틀에서 벗어나서, 독자적인 사상을 지니고 행동하는 사람.

11 ▷ 아웃코스(out course) : 육상 경기장 트랙(track)의 바깥쪽 주로(走路).

12 ▷ 캡슐(capsule) : ① 갖풀로 얇게 만든 작은 갑. 맛이나 냄새, 색상 따위가 좋지 않

은 가루약이나 기름 따위를 넣어서 먹는 데 쓴다. ② 우주 비행체의 기밀 용기.
예 우주 비행사가 우주선 캡슐에 들어갔다.

13 ▷ 엑스터시(ecstasy) : 감정이 고조되어 자기 자신을 잊고 도취 상태가 되는 현상.
     움직임이 없이 외계(外界)와의 접촉을 단절하는 경우가 많다. 예 엑스터시를 느
     끼다. / 엑스터시에 빠지다.

14 ▷ 엑스트라(extra) : 단역(端役) 임시 고용 배우.

15 ▷ 녹다운(knockdown) : 권투에서, 상대편에게 맞아 바닥에 넘어지거나, 로프
     (rope)에 의지하여 있거나, 링(ring) 밖으로 나가떨어진 상태.

16 ▷ 액셀러레이터(accelerator) : 발로 밟는 자동차의 가속 장치. 이것을 밟으면 엔
     진(engine)의 회전수와 출력이 높아진다.

17 ▷ 액션(action) : 의도가 내포된 배우의 행동이나 사건.

18 ▷ 어댑터(adapter) : 기계나 기구 따위를 다목적으로 사용하기 위한 보조 기구. 또
     는 그것을 부착하기 위한 보조 기구.

19 ▷ 톱클래스(top class) : 최상위의 부류.

20 ▷ 팩스(fax) : 문자, 도표, 사진 따위의 정지 화면을 전송하고, 수신 지점에 원화
     (原畫)와 같은 수신 기록을 얻는 통신 방법. 또는 그런 기계 장치. 팩시밀리
     (facsimile).

21 ▷ 픽션(fiction) : 사실이 아닌 상상에 의하여 씌어진 이야기나 소설.

22 ▷ 핫도그(hot dog) : ① 길쭉한 빵을 세로로 갈라 뜨거운 소시지(sausage) 따위를
     끼우고 버터(butter)와 겨자 소스(sauce) 따위를 바른 서양 음식. ② 기다란 소
     시지(sausage)에 막대기를 꽂고 밀가루를 둘러서 기름에 튀긴 음식.

23 ▷ 핫라인(hot line) : 긴급 비상용으로 쓰는 직통 전화.

정답

01. 스트립 쇼 02. 넥타 03. 칵테일 04. 플랫폼 05. 옵션 06. 럭스 07. 리셉션 08. 액세서리
09. 헥타르 10. 아웃사이더 11. 아웃코스 12. 캡슐 13. 엑스터시 14. 엑스트라 15. 녹다운 16. 액셀
러레이터 17. 액션 18. 어댑터 19. 톱클래스 20. 팩스 21. 픽션 22. 핫도그 23. 핫라인

외래어 표기법 정리 7

제2장 영어의 표기

제1항 무성 파열음([p], [t], [k])

3. 1, 2 경우 이외의 어말과 자음 앞의 [p], [t], [k]는 '으'를 붙여 쓴다.

예 stamp[stæmp] 스탬프, cape[keip] 케이프, nest[nest] 네스트
part[pɑːrt] 파트, desk[desk] 데스크, make[meik] 메이크
chipmunk[tʃípmʌ̀ŋk] 치프멍크, sickness[síknis] 시크니스

▷ [p], [t], [k]가 어말에 온 경우

예 stamp, cape, nest, part, desk, make, chipmunk → 스탬프의 '프',
케이프의 '프', 네스트의 '트', 파트의 '트', 데스크의 '크', 메이크의 '크',
치프멍크의 '크' 등으로 적는다.

▷ [p], [t], [k]가 유음, 비음([l], [r], [m], [n]) 사이에 온 경우

예 sickness([n] 사이에 온 경우) → 시크니스의 '크'로 적는다.

칠 회
문제

● 다음 ( ) 안의 외래어 중 알맞은 것을 찾아 ○표 해 보자.

01 (탱커 / 탱크)가 갑자기 포탑(砲塔)을 돌려 불길에 휩싸인 초가 두 채에 포를 발사했다.

02 오래간만에 (인스탄트 / 인스턴터 / 인스턴트) 홍차를 먹어 보았다.

03 친구가 갖고 있는 책은 그날 우리가 배웠어야 할 (택스터 / 택스트 / 텍스터 / 텍스트)의 하나요, 또 그의 애독서의 하나인 셸리의 시집(詩集)이었다.

04 우리들은 체육관 바닥에 (메터 / 매트 / 메트)를 깔고 레슬링을 하였다.

05 그들은 강물에 (보우트 / 보터 / 보트)를 띄우면서 사랑을 속삭였다.

06 술병에 갇힌 새는, 뚜껑을 열다 실수해서 병 속에 빠져 버린 (코르커 / 코르쿠 / 코르크) 마개처럼 압축되어 보였다.

07 이번 전쟁은 민주(民主)를 옹호하기 위해 (파시스터 / 파시스트 / 패시스트)를 타도하는 전쟁이었습니다.

08 이 영화의 (하이라이터 / 하이라이트 / 하일라이트)는, 죽은 줄 알았던 애인을 다

시 만나는 장면이었다.

09 가을이 되면, 제주도는 신혼여행을 온 신혼부부들이 몰려 (피커 / 피크 / 핏크)에 달한다.

10 그 가수들은 전국을 돌며 자선 (콘서터 / 콘서트 / 콘스트)를 열 계획이었다.

11 언니가 우리가 자는 방에 깨끗하게 빤 (시터 / 시트 / 싯트)를 깔았다.

12 가요계 인기 순위 (챠트 / 챠터 / 차트)는 일정하지 않고, 주(週)마다 바뀐다.

13 꼬마들은 스패너(spanner)의 주둥이에 물린 (너터 / 너트 / 넛트)가 볼트의 허리를 친친 감으며, 머리 쪽으로 먹어 드는 광경에 저마다 넋을 잃고 있었다

14 그는 과장 승진 (리스터 / 리스트)에 올랐다고 기뻐하였다.

15 (헤리포트 / 헬리포터 / 헬리포트)에는 기체 바로 밑에 들것을 장치한 구급 헬기가 기다리고 있었다.

16 갑자기 전기 합선으로 (서파크 / 스파커 / 스파크)가 일어났다.

17 깊은 샘에서 (펌퍼 / 펌프)로 물을 퍼 올리려면, 먼저 한 바가지 정도의 물을 넣어야 한다.

18 그 선수는 오랜 시간 동안 (스럼프 / 슬럼퍼 / 슬럼프)에서 벗어나지 못하여, 주위 사람들을 불안하게 만들고 있다.

19 요즘 목걸이나 인형 따위를 (마스코터 / 마스코트)로 지니고 다니는 학생들이 많다.

20 그는 다른 사람에게 감기를 옮기지 않으려고 (마스커 / 마스크)를 썼다.

21 그들이 끄집어 낸 것 중에서 가장 그들을 크게 실망시킨 게, 고모가 입고 있는 베이지색 (민크코드 / 밍커코터 / 밍크코트)였다.

22 음식이란 재료의 우열보다 만드는 자의 애정이 맛의 (포인터 / 포인트)라고, 어떤 유명한 요리사가 말했단다.

23 학교 다닐 때 퍽 얌전했던 친구가 (탈렌트 / 탤런터 / 탤런트)가 되었다.

24 스펀지로 된 (매터리스 / 매트리스 / 메트리스)가 몸을 푹신 감싸 안았다.

25 우리의 승리는 (팀워커 / 팀워크 / 팀웍)의 결실입니다.

26 그들은 여름철엔 주로 산에서 (캠퍼 / 캠프 / 켐프)를 하고, 겨울철엔 즐겨 사냥을 한다.

27 고인의 모습이 (테이퍼 / 테이프 / 테잎)에 생생하게 담겨 있다.

28 며칠 전에 그 아이는 영어 회화 공부를 하기 위하여 (카세터 / 카세트 / 카셀)를 하나 샀다.

29 그 벽은 군데군데 (패인트 / 페인터 / 페인트)가 벗겨져 보기에 흉하였다.

30 강바람은 차고 매웠다. 나는 (코터 / 코트 / 콧트) 깃을 바짝 올려, 귓바퀴를 가르는 바람을 막았다.

31 항공사의 (체커 / 체크 / 첵크)는 간단히 끝나고, 출입국 관리소의 신고도 마쳤다.

32 어릴 때부터 외국에서 살아서인지 그의 말에는 외국어의 (악센터 / 악센트 / 액센트)가 남아 있었다.

33 어딘가의 무전기 소리에 그들이 뒤돌아보았을 때, 두 대의 미군 (지퍼 / 지프 / 집프)가 기세 좋게 숲을 뚫고 마을을 떠나고 있었다.

34 브라운 중사가 달걀 프라이의 노른자를 (포커 / 포크)로 받쳐 올리면서, 불평을 털어놓았다.

35 그녀는 차를 타자마자, (콤팩터 / 콤팩트 / 콤펙트)를 열어 화장을 하기 시작했다.

36 식당에서 내놓은 (디저터 / 디저트 / 디즈트)로 사과와 아이스크림까지 먹고 나니, 배가 부르기 시작했다.

37 어느 외국인은 새벽 5시에 짐을 챙겨 가지고 (프런터 / 프런트)로 내려가 호텔 차편을 청했다.

38 작년부터 정부에 의해서 추진되어 왔던 자원 개발 (프러젝터 / 프러젝트 / 프로젝트)가, 예산상의 문제로 중단되었다.

39 그녀는 블라우스와 (스카트 / 스커터 / 스커트) 차림으로 연회(宴會)에 참석했다.

40 갑작스러운 관광버스 사고 소식에, 가족들이 (소크 / 쇼커 / 쇼크)를 받아 한동안 말을 잊지 못하였다.

41 이번 추석에 선물 한 (세터 / 세트 / 셋트)를 구입해서, 독거노인에게 보내야 하겠다.

42 우리들이 탄 고속버스가 (톨게이터 / 톨게이트)를 지나자, 속도가 빨라졌다.

43 중학교에 들어가서 처음으로 보이 (스카우터 / 스카우트 / 스카웃)에 입단하였다.

44 우리 편 공이 (네터 / 네트 / 넷)에 닿아, 반대편 코트로 넘어가지 않아 안타까웠다.

45 그들은 깜짝 놀라 동시에 뒤돌아보았다. (노커 / 노크 / 놋크)도 없이 침입한 건, 아래층 주인 노파였다.

46 아이가 방바닥에 엎드려서 책을 펴놓고 (노터 / 노트 / 놋트)에다 글씨를 쓰고 있다.

47 드디어 그 물자가 적군에게 들어가는 (루터 / 루트 / 룻트)를 알게 되었다.

48 우리 회사는 오래전부터 근무 상태나 능률, 능력 따위를 세밀히 조사하여, 봉급이나 상여금 따위의 급여에 차별을 두는 (메리터 / 메리트 / 메릿) 제도를 도입하였다.

49 그녀는 친구와 대화하다가 밖에서 들려온, 급히 (브레이커 / 브레이크 / 브레익)(를)을 밟는 소리에 깜짝 놀랐다.

50 그는 (수퍼 / 수프 / 숫프)와 커피 한 잔으로 아침 식사를 할 때도 있다.

51 어느 시골 아이들은 겨울철이 되면 꽁꽁 얼어붙은 강가에서 (스케이터 / 스케이트 / 스케일)(를)을 신고, 얼음판 위를 지치는 일을 계속하곤 했다.

52 그녀는 남편과 함께 식당에 들어서자마자 (스테이커 / 스테이크 / 스테익)(를)을 종업원에게 주문했다.

53 책상이 흔들리자 노트 위로 (잉커 / 잉크)가 번졌고, 노트는 엉망이 되어 버렸다.

54 그녀의 말이 좀 엉뚱하기는 해도, (조커 / 조크)로 보면 이상할 것도 없었던 것이다.

55 아버지의 생일을 맞이하여, 당신이 축하 (케이커 / 케이크 / 케잌)(를)을 자르시고, 우리들은 손뼉을 쳤다.

56 우리 아파트 (콘크리터 / 콘크리트 / 콘크맅) 벽은 아주 단단하여서, 못을 박기가 쉽지 않다.

57 날이 어두워지자, 우리들은 (헤드라이터 / 헤드라이트 / 헤드라잍)(를)을 켜고 차를 몰았다.

58 (히치하이커 / 히치하이크 / 히치하잌)라면(이라면) 사족을 못 쓰는 여학생이 가끔 있는데, 잘못 하다가는 음흉한 목적을 가지고 파놓은 함정에 빠질 수 있다.

풀이

01 ▷ 탱크(tank) : ① 물, 가스(gas), 기름 따위를 넣어 두는 큰 통. ② 전차(戰車).

   ▷ 포탑(砲塔) : 군함, 요새 따위에서 대포·포가(砲架)·전투원을 방호하기 위해 두른 두꺼운 강철.

02 ▷ 인스턴트(instant) : 즉석에서 이루어짐을 이르는 말.

03 ▷ 텍스트(text) : 주석(註釋), 번역(飜譯), 서문(序文) 및 부록 따위에 대한 본문이나 원문.

04 ▷ 매트(mat) : ① 침대 틀 위에 까는 두꺼운 깔개. 예 침대의 매트를 세탁하다. ② 체조, 유도, 레슬링(wrestling) 따위의 운동을 할 때, 위험을 방지하기 위하여 바닥에 까는 물건. 예 체조 선수가 경기하다가 매트 위로 떨어지다. ③ 신에 묻은 흙을 떨거나, 물기 따위를 닦아 내기 위하여, 현관이나 방 입구에 놓아두는 깔개. 예 신발 바닥에 묻은 흙을 매트에 떨다. ④ 마루방 같은 데에 까는 것. 예 마루 위에 매트를 깔고 자다.

05 ▷ 보트(boat) : 노를 젓거나 모터(motor)에 의하여 추진하는 서양식의 작은 배. 예 보트를 타다.

06 ▷ 코르크(cork) : 코르크나무(cork~)의 겉껍질과 속껍질 사이의 두껍고 탄력 있는 부분. 또는 그것을 잘게 잘라 가공한 것. 보온재, 방음재, 구명(救命) 도구의 재료 등 여러 곳에 쓴다. 예 영숙은 코르크 바닥을 댄 고급 샌들을 찾아 신었다.

07 ▷ 파시스트(fascist) : 파시즘(독재적인 전체주의)을 신봉하거나 주장하는 사람.

08 ▷ 하이라이트(highlight) : (극·음악·방송·뉴스 등의) 가장 두드러지거나 흥미로운 장면. 예 축구 경기의 하이라이트를 모아서 방송할 계획이다.

09 ▷ 피크(peak) : 어떤 상태가 가장 고조될 때. 예 10월이 되면 관광 여행이 피크를

이룬다.

10 ▷ 콘서트(concert) : ① 음악회. ② 두 사람 이상이 음악을 연주하여 청중에게 들려주는 모임. 예 콘서트를 열다.

11 ▷ 시트(sheet) : 침대의 아래위로 덧씌우는 흰 천. 예 시트를 세탁하다.

12 ▷ 차트(chart) : ① 지도 따위의 도면. 예 여기가 어디인지 차트를 보고 확인해 보자. ② 각종 자료를 알기 쉽게 정리한 일람표. 예 간호사는 환자의 상태를 매시간 차트에 기록하고 있다.

13 ▷ 너트(nut) : 쇠붙이로 만들어 볼트(bolt)에 끼워서 기계 부품 따위를 고정시키는 데에 쓰는 공구(工具). 일반적으로 육각형 또는 사각형으로 되어 있다. 예 스패너로 너트를 풀다. / 너트가 헐거워서 틈이 벌어진다.

   ▷ 스패너(spanner) : 볼트·너트 따위를 죄거나 푸는 공구(工具).

14 ▷ 리스트(list) : 물품이나 사람의 이름 따위를 일정한 순서로 적어 놓은 것. 예 경찰에서는 범인을 잡기 위하여 하나하나 리스트를 작성하였다.

15 ▷ 헬리포트(heliport) : 헬리콥터(helicopter)가 이착륙하도록 만든 비행장. 좁은 장소에도 설치할 수 있다.

16 ▷ 스파크(spark) : 방전할 때 일어나는 불빛. 방전으로 불꽃이 튀는 현상. 불꽃. 불티.

17 ▷ 펌프(pump) : 수도 시설이 없는 곳에서, 사람이 손잡이를 상하로 되풀이하여 움직임으로써, 그 압력에 의하여 땅속에 수직으로 박혀 있는 관을 통하여, 지하수가 땅위로 나오도록 하는 기구.

18 ▷ 슬럼프(slump) : 운동 경기 따위에서, 자기 실력을 제대로 발휘하지 못하고, 저조한 상태가 길게 계속되는 일. 예 슬럼프에 빠지다.

19 ▷ 마스코트(mascot) : 행운을 가져온다고 믿어 간직하는 물건이나 사람. 예 나의 마스코트. / 행운의 마스코트. / 그 팀의 마스코트는 곰이다.

20 ▷ 마스크(mask) : ① 탈. 예 마스크를 써서 처음에는 언니를 알아보지 못했다. ② 병균이나 먼지 따위를 막기 위하여 입과 코를 가리는 물건. ③ 얼굴 생김새. 예

그 배우는 균형 잡힌 마스크가 장점이다.

21 ▷ 밍크코트(mink coat) : 북미 원산의 족제비를 닮은 밍크(mink)의 털로 만든 코트(coat).

22 ▷ 포인트(point) : 중요한 사항이나 핵심.

23 ▷ 탤런트(talent) : 방송에 출연하는 예능인. 텔레비전 드라마(television drama)에 출연하는 연기자.

24 ▷ 매트리스(mattress) : 침대에 까는 두꺼운 요. 보통 직사각형의 납작한 모양으로, 그 속에 스프링(spring)이나 스펀지(sponge) 따위를 넣어 푹신하게 만든다. 예 매트리스를 깔고 눕다.

25 ▷ 팀워크(teamwork) : 협동하여 행하는 동작. 또는 그들 상호간의 연대(連帶). 공동작업. 단체 행동. 예 그 직장에는 부서별로 팀워크가 잘 짜여 있다.

26 ▷ 캠프(camp) : 휴양이나 훈련 따위를 위하여, 야외에서 천막을 치고 일시적으로 하는 생활. 또는 그런 생활을 하는 곳. 예 청소년 야외 캠프.

27 ▷ 테이프(tape) : ① 종이나 헝겊 따위로 만든 얇고 긴 띠 모양의 오라기. 예 시장과 사단장 네 사람은 취주 악대의 행진곡에 맞추어, 마을의 중앙 통로 앞에 쳐진 테이프 쪽으로 갔다. 테이프는 흰 나일론 천이었다. ② 전선(電線)에 감아 절연(絕緣)하는 데 쓰는, 비닐(vinyl)이나 헝겊 따위로 만든 긴 띠 모양의 오라기. ③ 소리나 영상 따위를 기록하는 데 쓰는 가늘고 긴 필름(film). 예 아버지의 유언을 테이프에 녹음하다.

28 ▷ 카세트(cassette) : ① 카세트테이프(cassette tape)를 사용하여 소리를 녹음하거나 재생할 수 있도록 만든 장치. ② 카세트테이프(cassette tape). 예 카세트에 카세트테이프를 넣으니 이상한 노래가 흘러 나와 당장 빼버렸다.

29 ▷ 페인트(paint) : 안료(顔料)를 전색제(展色劑)와 섞어서 만든 도료(塗料)를 통틀어 이르는 말. 물체에 바르면 굳어져서 고운 빛깔을 내고 물체를 보호해 준다. 유성 페인트(油性 paint), 수성 페인트(水性 paint), 에나멜 페인트(enamel paint) 따위가 있다. 예 철 대문에 페인트를 칠하다.

30 ▷ 코트(coat) : 추위를 막기 위하여 겉옷 위에 입는 옷. 예 코트를 걸치다. / 그는 양복 위에 코트를 입고 있었다.

31 ▷ 체크(check) : ① 사물의 상태를 검사하거나 대조함. 또는 그런 표적으로 찍는 ∨자 모양의 표. 예 건강 체크. ② 물표(物標). ③ 바둑판 모양의 무늬. 또는 그 무늬가 있는 직물. 예 그녀는 오늘 따라 감색의 체크 치마를 입고 있었다.

32 ▷ 악센트(accent) : 말이나 글 가운데 어떤 요소를 음의 고저, 장단 및 강세를 이용하여 강조하는 일. 또는 그런 부호. 예 악센트를 가하다. / 악센트를 주다. / 악센트를 넣어 말하다.

33 ▷ 지프(jeep) : 사륜(四輪) 구동(驅動)의 소형 자동차 이름. 미국에서 군용(軍用)으로 개발한 것. 마력이 강하여 험한 지형에서도 주행하기가 쉽다. 예 군용 지프. / 그곳은 길이 험해서 지프를 타고 가야만 했다.

34 ▷ 포크(fork) : 양식(洋食)에서, 고기·생선·과일 따위를 찍어 먹거나 얹어 먹는 식탁 용구. 예 동생은 과일 접시에서 배 한 조각을 포크로 찍어 입에 넣었다.

35 ▷ 콤팩트(compact) : 휴대용 화장 도구. 보통 거울이 붙어 있고, 분, 연지 따위가 들어 있다.

36 ▷ 디저트(dessert) : 양식에서 식사 끝에 나오는 과자나 과일 따위의 음식. 예 식사를 끝내고 디저트로 차 한 잔을 했다.

37 ▷ 프런트(front) : 호텔(hotel) 현관의 계산대. 예 외출하실 때는 열쇠를 프런트에 맡겨 주세요.

38 ▷ 프로젝트(project) : 연구나 사업. 또는 그 계획.

39 ▷ 스커트(skirt) : 주로 여성이 입는 서양식 치마. 예 무릎까지 내려오는 스커트 선이 가장 여성스럽다. / 산들산들 부는 바람에 그녀의 스커트 자락이 나풀거렸다.

40 ▷ 쇼크(shock) : ① 예상하지 못한 상황이 생겼을 때 갑자기 느끼는 마음의 동요. 예 그는 아내를 잃은 쇼크로 거의 폐인이 되었다. ② 갑작스러운 자극으로 일어나는 정신·신체의 특이한 반응.

41 ▷ 세트(set) : ① 도구나 가구 따위의 한 벌. 예 선물 세트. / 건축 세트. / 커피 세트.

② 영화, 텔레비전(television), 드라마(drama) 따위의 촬영에 쓰이기 위하여 꾸민 여러 장치. 예 야외 세트. / 드라마 세트를 짓다.

42 ▷ 톨게이트(tollgate) : 고속도로나 유료 도로에서 통행료를 받는 곳.

43 ▷ 스카우트(scout) : ① 우수한 운동선수나 연예인 등을 물색해 내는 사람. 또는 그 일. ② '보이 스카우트(boy scout), 걸 스카우트(girl scout)'의 준말.

44 ▷ 네트(net) : 배구·탁구·테니스(tennis)·배드민턴(badminton) 따위에서 코트(court) 중앙에 수직으로 가로질러, 양쪽 편을 구분하는 그물.

45 ▷ 노크(knock) : 방에 들어가기에 앞서 문을 가볍게 두드려서 인기척을 내는 일.

46 ▷ 노트(note) : 공책(空冊).

47 ▷ 루트(route) : 물품이나 정보 따위가 전하여지는 경로.

48 ▷ 메리트(merit) : 가격, 임금, 보험료 따위에 원칙 외의 차이를 두는 일.

49 ▷ 브레이크(brake) : 기차·전차·자동차 따위의 차량이나 기계 장치의 운전 속도를 조절하고 제어하기 위한 장치.

50 ▷ 수프(soup) : 고기나 야채 따위를 삶아서 낸 즙에 소금, 후추 따위로 맛을 더한 서양 요리. 서양 요리의 순서로서는 맨 처음에 나온다.

51 ▷ 스케이트(skate) : 구두 바닥에 쇠 날을 붙이고 얼음판 위를 지치는 운동 기구.

52 ▷ 스테이크(steak) : ① 고기를 두툼하게 썰어서 굽거나 지진 서양 요리의 하나. ② 비프스테이크(beefsteak).

53 ▷ 잉크(ink) : 글씨를 쓰거나 인쇄하는 데 쓰는, 빛깔 있는 액체.

54 ▷ 조크(joke) : 실없이 장난으로 하는 말이나 익살.

55 ▷ 케이크(cake) : 밀가루, 달걀, 버터(butter), 우유, 설탕 따위를 주원료로 하여 만든 서양 음식.

56 ▷ 콘크리트(concrete) : 시멘트(cement)에 모래와 자갈, 골재 따위를 적당히 섞고 물에 반죽한 혼합물. 만드는 방법이 간단하고 내구성이 커서, 토목 공사나 건축의 주요 재료로 쓴다.

57 ▷ 헤드라이트(headlight) : 기차나 자동차 따위의 앞에 단 등. 앞을 비추는 데에 쓴

다. 전조등(前照燈).

58 ▷ 히치하이크(hitchhike) : 지나가는 자동차를 얻어 타는 일. 또는 그렇게 해서 목
    적지까지 가는 무전여행.

정답

01. 탱크 02. 인스턴트 03. 텍스트 04. 매트 05. 보트 06. 코르크 07. 파시스트 08. 하이라이
트 09. 피크 10. 콘서트 11. 시트 12. 차트 13. 너트 14. 리스트 15. 헬리포트 16. 스파크 17. 펌프
18. 슬럼프 19. 마스코트 20. 마스크 21. 밍크코트 22. 포인트 23. 탤런트 24. 매트리스 25. 팀워
크 26. 캠프 27. 테이프 28. 카세트 29. 페인트 30. 코트 31. 체크 32. 악센트 33. 지프 34. 포크
35. 콤팩트 36. 디저트 37. 프런트 38. 프로젝트 39. 스커트 40. 쇼크 41. 세트 42. 톨게이트 43.
스카우트 44. 네트 45. 노크 46. 노트 47. 루트 48. 메리트 49. 브레이크 50. 수프 51. 스케이트
52. 스테이크 53. 잉크 54. 조크 55. 케이크 56. 콘크리트 57. 헤드라이트 58. 히치하이크

제2장 영어의 표기

제2항 유성 파열음([b], [d], [g])

어말과 모든 자음 앞에 오는 유성 파열음은 '으'를 붙여 적는다.

예 bulb[bʌlb] 벌브, land[lænd] 랜드

zigzag[zígzæ̀g] 지그재그, lobster[láːbstə(r)] 로브스터

kidnap[kídnæ̀p] 키드냅, signal[sígn(ə)l] 시그널

▷ 어말에 오는 경우

예 bulb, land, zigzag → 벌브의 '브', 랜드의 '드', 지그재그의 '그'

▷ 자음 앞에 오는 경우

예 lobster, kidnap, signal → 로브스터의 '브', 키드냅의 '드', 시그널의 '그'

팔 회
문제

● **다음 ( ) 안의 외래어 중 알맞은 것을 찾아 ○표 해 보자.**

01 권투 선수가 (가더 / 가드)를 올리다.

02 국회의원 입후보자들이 (프랑카드 / 플래카더 / 플래카드 / 플랜카드)를 여기저기 걸어 놓았다.

03 나는 창문을 열어 둔 채로 (레코더 / 레코드)를 한 장 골라서 얹었다.

04 경기 중반에 한 골을 넣으면서부터, 우리 팀은 서서히 (리더 / 리드)를 잡기 시작했다.

05 성당의 (스테인더글라스 / 스테인드글라스 / 스테인드글래스)가 몹시 화려하였다.

06 워낙 기사 양이 많아 (대드라인 / 대더라인 / 데드라인)을 넘기기가 일쑤다.

07 오늘 낮 고속도로 상행선에서, 승용차가 (가더레일 / 가드레일)을 들이받아, 두 명이 중상을 입는 사고가 있었다.

08 (다이아몬더 / 다이아몬드 / 다이어먼드) 반지를 결혼 예물로 준비했습니다.

09 친구를 만나면 (스탠더 바 / 스탠드 바 / 스텐드 바)에 자주 가는 편이다.

10 나는 영화에서 (베더 신 / 베드 신 / 베드 씬)을 보면 괜스레 쑥스럽다.

11 그는 외출할 때 무조건 (코더 / 코드)를 뽑아 둔다.

12 그는 종교적 (도거마 / 도그마 / 독그마)에 빠져 있어, 주위 사람들을 안타깝게 하고 있다.

13 나는 그 순간, 어느 쪽도 지지할 수 없는 (샌더위치 / 샌드위치 / 센드위치)가 되어 버렸다.

14 국가 간 화해 (무더 / 무드 / 무우드)가 조성되었다.

15 이집트에는 (피라미더 / 피라미드 / 피라밑 / 피라밋)가(이) 많다.

16 모씨의 지금 부인은 (세칸더 / 세칸드 / 세컨드)인데, 원래는 그의 사무실 비서였다.

17 엄청난 크기의 붉은 (애더벌룬 / 애드발룬 / 애드벌룬)이, 경화네 아버지 회사 제품의 이름이 씌어진 깃발을 꼬리처럼 달고, 바람에 출렁이는 게 보인다.

18 범인에게 협박을 당한 이후로, 그는 항상 (보디가더 / 보디가드)를 데리고 다닌다.

19 그때 철수가 한 말은 분명 무의식적으로 한 말이 아니고, 무대를 의식한 (애더리브 / 애드리브)였다.

20 녹주석(綠柱石) 가운데 녹색의 빛이 고운 것을 (애메랄드 / 에메랄더 / 에메랄드), 녹청색의 것을 남옥(藍玉)이라 한다.

01 ▷ 가드(guard) : 권투에서, 선수가 상대편의 주먹을 막기 위하여 취하는 팔의 자세. 예 가드를 내리다.

02 ▷ 플래카드(placard) : 긴 천에 표어 따위를 적어서 양쪽을 장대에 매어, 높이 들거나 길 위에 달아 놓은 표지물. 예 여름 강좌를 알리는 플래카드가 나무와 나무 사이에 걸려 있다. / 매일같이 거리에서 젊은 학생들이 플래카드를 들고 데모(demo)를 한다.

03 ▷ 레코드(record) : 음반. 예 레코드를 제작하는데 돈이 많이 든다.

04 ▷ 리드(lead) : ① 앞장서서 남을 이끎. 예 우리 부서의 실적이 좋은 것은 부장님의 리드가 뛰어났기 때문이지요. ② 운동 경기 따위에서, 상대보다 점수가 앞섬. 또는 우세한 상황이 됨. 예 1 대 0으로 박빙의 리드를 유지하고 있었다.

05 ▷ 스테인드글라스(stained glass) : 색유리를 이어 붙이거나, 유리에 색을 칠하여 무늬나 그림을 나타낸 장식용 판유리.

06 ▷ 데드라인(dead line) : ① 최후의 한계선. ② 신문·잡지 따위에서 기사 원고의 마감 시간.

07 ▷ 가드레일(guard rail) : 도로에서, 차의 사고 방지를 위하여 차도와 인도 사이에 쳐놓은, 강철판으로 된 시설물.

08 ▷ 다이아몬드(diamond) : 금강석(金剛石). 예 다이아몬드 반지를 끼다.

09 ▷ 스탠드 바(stand bar) : 서서 마시는 서양식 선술집.

10 ▷ 베드 신(bed scene) : 연극·영화·텔레비전(television) 등에서, 정사(情事) 장면.

11 ▷ 코드(cord) : 가느다란 여러 개의 구리줄을 절연물(絕緣物)로 싸고, 그 위를 무명실 따위로 씌운 전깃줄. 예 텔레비전(television)]을 보기 위하여 코드를 꽂다.

12 ▷ 도그마(dogma) : 독단적인 신념이나 학설.

13 ▷ 샌드위치(sandwich) : ① 얇게 썬 두 조각의 빵 사이에 버터(butter)나 마요네즈(mayonnaise), 소스(sauce) 따위를 바르고 고기, 달걀, 치즈(cheese), 야채 따위를 끼워 넣은 음식. ② 무엇인가의 사이에 끼어 있는 상태를 비유적으로 이르는 말.

14 ▷ 무드(mood) : 어떤 상황에서 대체적으로 느껴지는 분위기나 기분. 예 무드 좋은 찻집에서 만나고 싶다. / 무드에 젖다. / 무드를 잡고 이야기하다. / 무드 있는 음악을 듣다.

15 ▷ 피라미드(pyramid) : 이집트(Egypt) 지방에 있는 돌이나 벽돌을 쌓아 만든, 사각뿔 모양의 탑의 유적. 기원전 2,700~2,500년대에 국왕 · 왕족 등의 묘로 건조하였으며, 현재 75기(基) 가량 남아 있음.

16 ▷ 세컨드(second) : 첩(妾)을 속되게 이르는 말. 예 이웃집 아저씨는 본 부인 외에 세컨드를 두었다.

17 ▷ 애드벌룬(ad balloon) : 광고 기구(氣球). 즉 광고하는 글이나 그림 따위를 매달아 공중에 띄우는 풍선. 예 각 구단의 마스코트가 그려진 애드벌룬이 야구장 하늘 위를 수놓고 있었다.

18 ▷ 보디가드(bodyguard) : 다른 사람의 신변을 보호하고 지키는 일을 하는 사람.

19 ▷ 애드리브(ad lib) : 연극이나 방송에서, 출연자가 대본에 없는 대사를 즉흥적으로 하는 일. 또는 그런 대사.

20 ▷ 에메랄드(emerald) : 크롬을 함유하여 비취색을 띤, 투명하고 아름다운 녹주석(綠柱石). 주산지는 콜롬비아(Colombia)이며 합성 방법으로도 생산한다.

정답

01. 가드 02. 플래카드 03. 레코드 04. 리드 05. 스테인드글라스 06. 데드라인 07. 가드레일 08. 다이아몬드 09. 스탠드 바 10. 베드 신 11. 코드 12. 도그마 13. 샌드위치 14. 무드 15. 피라미드 16. 세컨드 17. 애드벌룬 18. 보디가드 19. 애드리브 20. 에메랄드

제2장 영어의 표기

제3항 마찰음([s], [z], [f], [v], [θ], [ɣ], [ʃ], [ʒ])

1. 어말 또는 자음 앞의 [s], [z], [f], [v], [θ], [ɣ]는 '으'를 붙여 적는다.

예 mask[mæsk] 마스크, jazz[dʒæz] 재즈, graph[græf] 그래프

olive[áliv] 올리브, thrill[θril] 스릴, bathe[beiɘ] 베이드

▷ 마찰음이 어말에 온 경우

예 jazz, graph, olive, bathe → 재즈의 '즈', 그래프의 '프', 올리브의 '브',

베이드의 '드'

▷ 마찰음이 자음 앞에 온 경우

예 mask(마찰음이 자음[k] 앞에 온 경우) → 마스크의 '스'

thrill(마찰음이 자음[r] 앞에 온 경우) → 스릴의 '스'

구 회

문제

● 다음 ( ) 안의 외래어 중 알맞은 것을 찾아 ○표 해 보자.

01 그 사나이는 남보다 (컴퍼서 / 컴파스 / 컴퍼스)가 길다.

02 오렌지 (주서 / 주스 / 쥬스)에는 비타민 C가 많이 들어 있다.

03 그들의 (로맨서 / 로맨스 /로멘스)는 학교에서 모르는 사람이 없을 만큼 유명했다.

04 이번 시합의 승패는 팀의 (애이스 / 에이서 / 에이스)인 그에게 달려 있다.

05 출판 사업은 나의 영원한 (비저니서 / 비즈니스 / 비즈니쓰)이다.

06 그 사람은 일어서서 창밖을 보았다. 내가 그에게 자백할 여유를 주기 위한 (포오즈 / 포저 / 포즈)로 보였다.

07 구석에 몰린 한 녀석이, 점퍼 주머니에서 (재크나이프 / 잭나이퍼 / 잭나이프)를 꺼내 들었다.

08 어느 날 갑자기 (서커서 / 서커스 / 스커스)가 우리 마을에 와, 사람들의 이목을 집중시켰다.

09 그 선생님이 수업을 하면서, 그만 (미서 / 미스 / 미쓰)를 범하고 말았다.

10 (토플레스 / 토플리서 / 토플리스) 차림의 무희(舞姬)들이 무대 위에서 춤을 춘다.

11 (앰뷸런서 / 앰뷸런스 / 앰뷸란스)가 비상 사이렌을 울리면서 지나갔다.

12 체육 시간에 야구 (글러버 / 글러브 / 글로브)를 가지고 오너라.

13 면역력이 약한 아이들은 (바이라서 / 바이라스 / 바이러스)에 감염되기 쉽다.

14 김 소장은 전북 출신으로선 처음으로 간부직에 발탁된 (케스 / 케이서 / 케이스)라고 했다.

15 큰 키, 잔잔한 무늬의 (원피서 / 원피스)가 꽃밭보다 오히려 화려하다.

16 한강 다리를 지나서 대방동을 거쳐, 수원으로 가는 도로를 따라 남하해 가는 (코서 / 코스)가, 그들이 미리 예상해 두었던 탈주로였다.

17 이번에 출제될 문제는 (난센서 / 난센스 / 넌센스) 퀴즈이다.

18 병원에를 갔더니 시력이 나빠졌다는 거예요. 그래서 다른 (콘텍트랜저 / 콘텍트랜즈 / 콘택트렌즈)로 갈아 끼웠는데, 아직 길들지 않은 모양이에요.

19 백사장 중간쯤에 (오아씨스 / 오아시서 / 오아시스)처럼 동그란 숲이 있어, 그 숲이 그녀를 유혹했다.

20 그 선수는 마라톤 경기에서, 중반 이후 지점을 통과할 때, 제 (패이스 / 페이서 / 페이스)를 찾았다.

21 요즘에는 (디럭서 / 디럭스 / 딜럭스) 형 승용차가 많이 출시되고 있다.

22 올해는 회사 사정이 어려워, 연말 (보나스 / 보너서 / 보너스)가 나오지 않았다.

23 (가스 / 개스)레인지가 안 켜지는 걸 보니, (가스 / 개스)가 떨어졌나 보다.

24 그는 이번 선거에서 (다커호스 / 다크호서 / 다크호스)로 떠오르며, 많은 유권자의 관심을 끌고 있다.

25 알고 보니 그것은 (옴니버서 / 옴니버스 / 옵니버스) 연극이었다.

26 아무리 추워도 내의를 입지 않았다는 얘기, (콘사이서 / 콘사이스 / 콘싸이스)를 찢어 먹어 가며 영어 단어를 외려고 서둘렀다는 얘기 등 그는 기행(奇行)이 많은 사람이었다.

27 그녀는 직장 일을 마치면 꼭 (댄서 / 댄스 / 덴스) 교습소에 간다.

28 미군 군화는 어떤 발에도 맞도록 (사이저 / 사이즈 / 싸이즈)가 여러 가지였지.

29 신도시 아파트 (모델하워스 / 모델하우서 / 모델하우스) 공개에 많은 사람이 몰려왔다.

30 우리나라를 (모델케스 / 모델케이서 / 모델케이스)로 삼아, 경제 발전을 꾀하는 나라들이 근래에는 많아졌다.

31 나는 친구와 함께 교외로 (드라이버 / 드라이브)를 나갔다.

32 로빈 후드가 텔레비전에서 (시리저 / 시리즈 / 씨리즈)로 방영되자, 시청자들은 매우 좋아했다.

33 물을 흠뻑 뒤집어쓴 트럭에 달라붙어, 젊은 녀석 둘이서 (호스 / 호오서 / 호오스)로 장대 같은 물줄기를 뿜어 대며 장난치고 있었다.

34 그에게 경기 전날 수염을 깎으면, 경기에 진다는 (징커스 / 징크서 / 징크스)가 있다.

35 그는 옷차림만 보아도 (샌스 / 센서 / 센스)가 뛰어난 사람임을 알 수 있다.

36 날이 따뜻해지자, (브라우스 / 블라우서 / 블라우스) 차림의 여자들이 많아졌다.

37 일하는 소녀가 잘 차린 저녁상을 들여오고, 한복으로 곱게 단장한 석민이 엄마가 (호스테스 / 호스티서 / 호스티스)처럼 요사하고 망령된 짓을 하면서, 따라 들어왔다.

38 수업 지출의 (바란스 / 발란스 / 밸런서 / 밸런스)를 맞춰야 합니다.

39 경로증을 소지한 노인에게 시내버스 무료 이용 (패서 / 패스 / 페스)를 발급했다.

40 철수가 상민에게 귀띔했던 (소서 / 소스 / 소오스)보다 국산 맥주의 유출 문제가 그들을 자극하는 모양이었다.

41 그녀는 사귀던 남자에게서 (프러포저 / 프러포즈 / 프로포즈)를 받고 한동안 기뻐했다.

42 친목에서 주최하는 탁구 경기는 치열한 공방전 끝에, 결국 20 대 20으로 동점이 되어 (듀서 / 듀스 / 듀우스)에 들어갔다.

43 그가 지난 달 음주 운전을 하다가 적발되어 (라이선서 / 라이선스)가 취소되었다.

44 철수는 아버지와 함께 (버스 / 뻐스)를 타기 위하여 정류장으로 갔다.

45 젊은이들이 여름이면 심야 극장에서 (서릴러 / 스릴러)를 보면서 더위를 식힌다.

46 친구가 외국을 돌아다니며 찍어 온 (스라이드 / 슬라이더 / 슬라이드)를 보여 주었다.

47 타악기는 팀파니, 실로폰과 같이 분명한 음높이를 낼 수 있는 악기와, 북이나 (심벌스 / 심벌저 / 심벌즈)와 같이 음높이가 불분명한 악기의 두 가지로 나뉜다.

48 (오리브 / 올리버 / 올리브) 열매에서 추출한 기름은 지방질이 많아, 의약이나 비누, 화장품의 원료로 쓰며, 머릿기름이나 윤활유로 쓰기도 하고 식용하기도 한다.

풀이

01 ▷ 컴퍼스(compass) : ① 자유롭게 폈다 오므렸다 할 수 있는, 두 다리를 가진 제도
용 기구. 원이나 호(弧)를 그리는 데 주로 사용한다. 예 컴퍼스로 작도하다. ② 나
침반. ③ 보폭(步幅).

02 ▷ 주스(juice) : 과일이나 야채를 짜낸 즙. 예 사과 주스를 한 잔 마셨다. / 그녀는
오렌지(orange)를 갈아서 주스를 직접 만들었다.

03 ▷ 로맨스(romance) : 남녀 사이의 사랑 이야기. 또는 연애 사건. 예 만주족 원주민
처녀와 로마 주둔군 사관의 로맨스는 영화에만 있는 건 아냐.

04 ▷ 에이스(ace) : ① 트럼프(trump)나 주사위 따위의 한 끗. 예 하트(heart) 에이스
한 장이면 내가 이기겠는걸. ② 야구에서, 팀의 주전 투수를 이르는 말.

05 ▷ 비즈니스(business) : ① 사무. 업무. 장사. 예 그는 비즈니스로 외국을 자주 드
나드는 친구다. ② (감정이나 인정 따위와는 관계없이) 돈벌이의 수단으로서의
업무.

06 ▷ 포즈(pose) : 몸가짐이나 일정한 태도를 취하고 있는 모습.

07 ▷ 잭나이프(jackknife) : 칼날을 접어 칼집에 넣을 수 있게 만든 주머니칼. 주로 배
안이나 야외에서 휴대용 칼로 쓴다. 예 등산할 때 잭나이프를 챙겨 두면 여러 모
로 편리하다.

08 ▷ 서커스(circus) : 곡마단. 곡예단.

09 ▷ 미스(miss) : 실책이나 오류. 예 그가 농구를 하면서 패스(pass) 미스를 많이 하
여 상대편에게 지고 말았다.

10 ▷ 토플리스(topless) : 상반신, 특히 젖가슴을 드러낸 여성의 차림새.

11 ▷ 앰뷸런스(ambulance) : 구급차. 환자 수송차. 예 앰뷸런스를 부르다. / 부상자를

실은 앰뷸런스 한 대가 요란한 소리를 내며 큰길 쪽으로 빠져나갔다.

12 ▷ 글러브(glove) : 야구, 권투, 하키(hockey), 펜싱(fencing) 등을 할 때 손에 끼는 장갑.

13 ▷ 바이러스(virus) : ① 동물, 식물, 세균 따위의 살아있는 세포에 기생하고, 세포 안에서만 증식이 가능한 미생물. 예 에이즈(AIDS) 바이러스에 감염되었다. ② 컴퓨터(computer)를 비정상적으로 작용하게 만드는 프로그램(program). 예 바이러스를 막기 위해 백신 프로그램(program)을 설치해야 하겠다.

14 ▷ 케이스(case) : ① 물건을 넣는 상자나 갑(匣). 예 담배 케이스. / 화장품 케이스. ② 어떤 상황이나 사례(事例). 예 시범 케이스로 그 사람을 퇴출시켰다.

15 ▷ 원피스(one piece) : 윗옷과 아래옷이 붙어서 한 벌로 된 옷. 주로 여성복에 많다. 예 그녀는 화사한 꽃무늬 원피스를 입고 있다. / 원피스로 된 수영복을 샀다.

16 ▷ 코스(course) : ① 어떤 목적에 따라 정하여진 길. 예 산책 코스. / 관광 코스. / 드라이브 코스. / 그렇게 한 시간 반 정도 시간이 지나 극장 앞마당을 거쳐 마을로 되돌아오는 코스를 밟았다. ② 정식 만찬이나 오찬 등에서 차례차례 나오는 한 접시 한 접시의 요리. 예 정식 중화 요리 코스. / 정해진 만찬 코스. ③ 거쳐 가야 할 교육 과정이나 절차. 예 석사 코스를 밟았다. / 박사 코스. / 학사 과정의 정규 코스가 있다.

17 ▷ 난센스(nonsense) : 이치에 맞지 않거나 평범하지 않은 말. 또는 그런 일.

18 ▷ 콘택트렌즈(contact lens) : 안경 대신에 눈의 각막에 직접 붙여서 사용하는 렌즈(lens). 일반 안경으로는 시력 교정 효과가 적은 심한 근시, 원시, 난시 따위의 교정을 위하여 사용하기 시작. 예 콘택트렌즈를 세척하다. / 시력이 나빠져서 콘택트렌즈를 맞추었다.

19 ▷ 오아시스(oasis) : ① 사막 가운데에 샘이 솟고 풀과 나무가 자라는 곳. 농사를 지을 수 있으며 마을이 형성되어 대상(隊商)들이 쉴 수 있다. ② 위안이 되는 사물이나 장소를 비유적으로 이르는 말. 예 사랑은 인생의 오아시스다. / 항상 친절한 미소로 환자를 대하는 김 간호사는 이 병원 환자들의 오아시스였다.

20 ▷ 페이스(pace) : ① 야구에서, 투수가 던진 공의 속도. ② 육상 경기의 장거리나 마라톤(marathon)에서, 달리기의 속도. 예 페이스를 유지하며 달리다. / 제 페이스대로 나가다. / 상대 선수의 페이스에 말려들다.

21 ▷ 디럭스(deluxe) : 초호화. 초고급. 대규모.

22 ▷ 보너스(bonus) : 상여금. 즉 관청이나 회사 따위에서 직원에게 월급 외에 그 업적이나 공헌도에 따라 금전을 주는 것. 또는 그 금전.

23 ▷ 가스(gas) : ① 기체 물질을 통틀어 이르는 말. 예 질소 가스. / 가스가 발생하다. ② 연료용 기체. 예 가스가 누출되다.

24 ▷ 다크호스(dark horse) : ① 운동 경기, 정계(政界), 선거 따위에서, 아직 잘 알려지지 아니하였으나 뜻밖의 변수로 작용할 수 있는 유력한 경쟁자. ② 경마(競馬)에서, 뜻밖의 결과를 가져올 지도 모를, 아직 실력이 확인되지 아니한 말. 예 이번 경주에서 3번 말이 다크호스입니다.

25 ▷ 옴니버스(omnibus) : 영화나 연극의 한 형식. 하나의 주제를 중심으로 몇 개의 독립된 짧은 이야기를 늘어놓아 한 편의 작품으로 만든다. 예 옴니버스 드라마.

26 ▷ 콘사이스(concise) : '야외에 갈 때에 휴대하기 쉽도록 되어 있는'의 뜻으로, 휴대용 소사전(小辭典)을 흔히 이르는 말. 예 중학교에 입학하는 조카에게 콘사이스 한 권을 선물하였다.

27 ▷ 댄스(dance) : 서양식의 사교춤.

28 ▷ 사이즈(size) : 신발이나 옷의 치수. 예 사이즈가 맞다. / 사이즈를 재다. / 사이즈를 줄이다. / 한 사이즈 큰 옷으로 입어라.

29 ▷ 모델하우스(model house) : 아파트(apartment) 따위를 지을 때, 집을 사고자 하는 사람에게 미리 보이기 위하여 실제 내부와 똑같게 지어 놓은 집.

30 ▷ 모델케이스(model case) : 본보기가 되는 사건이나 사례.

31 ▷ 드라이브(drive) : 기분 전환을 위하여 자동차를 타고 다니는 일. 예 이 길은 드라이브 코스로 적당하다.

32 ▷ 시리즈(series) : ① 같은 종류의 연속 기획물. 연속 출판물이나 방송 프로

(program)의 연속극 따위가 있다. 예 첫째 권이 독자들에게 인기가 있자, 출판사 사장은 그 책을 시리즈로 발간하였다. ② 정하여진 기간 동안 순서에 의하여 계속하는 운동 경기. 예 한국 시리즈에 출전할 선수들을 만나 보았다. / 월드컵 시리즈에서 우승하였다.

33 ▷ 호스(hose) : 물이나 가스 등을 흘러 보내기 위한 관(管). 자유롭게 휘어지도록 고무, 비닐, 헝겊 따위로 만듦. 예 호스로 물을 뿌리다. / 소방 호스로 불을 끄다. / 어느 짓궂은 친구가 그 발가벗은 계집아이들을 향해 유리창 안으로 호스 물을 뿜어 댔어요.

34 ▷ 징크스(jinks) : ① 재수가 없는 일. 또는 불길한 징조의 사람이나 물건. 예 징크스를 깨다. ② 으레 그렇게 될 수밖에 없는 악운(惡運)으로 여겨지는 것. 예 징크스를 가지다. / 징크스를 없애다.

35 ▷ 센스(sense) : 어떤 사물이나 현상에 대한 감각이나 판단력. 예 그녀는 센스가 있는 여성이다. / 이번 일에는 자네의 센스를 유감없이 발휘하기를 바라네. / 그녀는 센스 있게 일을 잘 처리해 부장에게 신임을 얻고 있다.

36 ▷ 블라우스(blouse) : 여자나 아이들이 입는 셔츠 모양의, 어떤 기준에 차고도 좀 남음이 있는 웃옷. 예 그녀는 실크 블라우스를 입고 있었다.

37 ▷ 호스티스(hostess) : 카페(프. cafe)나 바(bar) 따위의 술집에서 술시중을 드는 여자. 예 비어홀(bear hall)의 영업이 끝나자, 영수라는 녀석과 함께, 술자리에서 짝이었던 호스티스를 데리고 노래방으로 들어갔다.

38 ▷ 밸런스(balance) : 균형(均衡). 예 밸런스를 잡다. / 밸런스가 맞다.

39 ▷ 패스(pass) : ① 시험이나 검사 따위에서 합격함. 또는 그런 증서. 예 고시 패스. / 검진 패스. ② 통행권. 예 이 지역은 패스가 있어야 통과할 수 있습니다. ③ 탈것에 오를 수 있는 증표. 예 전철 패스. / 정기 패스. / 만 원짜리 패스를 끊다. ④ 구기 종목에서, 같은 편끼리 서로 공을 주거나 받음. 예 패스가 좋다. / 패스를 받아 슛을 하다. / 상대의 패스를 끊다.

40 ▷ 소스(source) : 정보 따위의 출처. 또는 정보를 제공하는 사람이나 자료. 예 어느

시민이 범인을 잡기 위하여 경찰에게 소스를 주다.

41 ▷ 프러포즈(propose) : ① 제안(提案). ② 청혼(請婚).

42 ▷ 듀스(deuce) : 테니스(tennis), 배구, 탁구 따위에서, 승패를 결정하는 마지막 한 점을 남겨 놓고 동점을 이루는 일. 새로 두 점을 잇달아 얻는 쪽이 이긴다.

43 ▷ 라이선스(license) : 행정상의 허가나 면허. 또는 그것을 증명하는 문서.

44 ▷ 버스(bus) : 운임을 받고 정해진 길을 운행하는 대형 합승 자동차.

45 ▷ 스릴러(thriller) : 관객이나 독자에게 공포감이나 흥취를 불러일으킬 목적으로 만든 연극·영화나 소설 따위. 스릴러물(thriller物).

46 ▷ 슬라이드(slide) : 환등기에 넣어 영사(映射)할 수 있게 만든 포지티브 필름 (positive film).

47 ▷ 심벌즈(cymbals) : 쇠붙이로 둥글넓적하게 만든 타악기. 두 장을 마주 치거나 한 장을 막대기로 쳐서 소리를 낸다.

48 ▷ 올리브(olive) : 물푸레나뭇과의 상록 교목. 높이는 5~10 미터(meter)이며, 잎은 마주 나고 긴 타원형이다.

정답

01. 컴퍼스 02. 주스 03. 로맨스 04. 에이스 05. 비즈니스 06. 포즈 07. 잭나이프 08. 서커스 09. 미스 10. 토플리스 11. 앰뷸런스 12. 글러브 13. 바이러스 14. 케이스 15. 원피스 16. 코스 17. 난센스 18. 콘택트렌즈 19. 오아시스 20. 페이스 21. 디럭스 22. 보너스 23. 가스 24. 다크호스 25. 옴니버스 26. 콘사이스 27. 댄스 28. 사이즈 29. 모델하우스 30. 모델케이스 31. 드라이브 32. 시리즈 33. 호스 34. 징크스 35. 센스 36. 블라우스 37. 호스티스 38. 밸런스 39. 패스 40. 소스 41. 프러포즈 42. 듀스 43. 라이선스 44. 버스 45. 스릴러 46. 슬라이드 47. 심벌즈 48. 올리브

외래어 표기법 정리 10

제2장 영어의 표기

제3항 마찰음([s], [z], [f], [v], [θ], [ɣ], [ʃ], [ʒ])

2. 어말의 [ʃ]는 '시'로 적고, 자음 앞의 [ʃ]는 '슈'로, 모음 앞의 [ʃ]는 뒤따르는 모음에 따라 '샤', '섀', '셔', '셰', '쇼', '슈', '시'로 적는다.

예 flash[flæʃ] 플래시, shrub[ʃrʌb] 슈러브, shark[ʃɑːrk] 샤크

shank[ʃæŋk] 섕크, fashion[fǽʃn] 패션, sheriff[ʃérif] 셰리프

shopping[ʃápiŋ] 쇼핑, shoe[ʃuː] 슈, shim[ʃim] 심

▷ 어말의 [ʃ]

예 flash → 플래시의 '시'

▷ 자음 앞의 [ʃ]

예 shrub → 슈러브의 '슈'

▷ 모음 앞의 [ʃ]

예 shark → 샤크의 '샤', shank → 섕크의 '섀'

fashion → 패션의 '셔', sheriff → 셰리프의 '셰'

shopping → 쇼핑의 '쇼', shoe → 슈의 '슈'

shim → 심의 '시'

십 회
문제

● 다음 ( ) 안의 외래어 중 알맞은 것을 찾아 ○표 해 보자.

01 농구 선수들이 (수웃 / 숫 / 슛)을 날릴 때마다, 관중들은 자리에서 일어나 환호성을 질렀다.

02 (러쉬아워 / 러시아우어 / 러시아워)의 만원 버스, 그 몸 비빌 틈도 없는 숨 막힘까지도 따뜻하게 회상되었다.

03 (리더쉽 / 리더십)이 있는 사람을 우리나라의 지도자로 뽑아야 한다.

04 이번에 나무로 된 우리 집 창틀을 알루미늄 (새쉬 / 새시 / 샤시)로 바꾸었다.

05 차가운 물로 (사워 / 샤워)를 하고 나니, 더위가 싹 가셨다.

06 (샤터 / 서터 / 셔터)를 누르기 전에 아이가 자꾸 울어, 결국 백일 사진을 찍지 못했다.

07 공기가 찬데 (샤츠 / 서츠 / 셔츠) 하나만 달랑 입고 어딜 나가나?

08 세일즈맨으로 성공하려면 진심으로 고객을 대해야지, (소오맨 / 쇼맨 / 쇼멘)처럼 행동해서는 안 된다.

09 어제 어느 가게에서 한바탕 (쑈/ 쇼 / 쇼오)가 벌어졌다.

10 (쿠선 / 쿠션 / 쿠숀)이 해어져 스펀지가 비어져 나오고, 조각된 팔걸이가 붙은 이 안락의자(安樂椅子)를 어디다 두면 좋겠니?

11 한때 푸른색 (아이새도 / 아이섀도)와 붉은색 립스틱으로 화장하는 것이 유행이었다.

12 학교에서 역까지 (서틀버스 / 셔틀버스)가 다니기 때문에, 학생들이 그것을 많이 이용한다.

13 대체로 (소오맨쉽 / 쇼맨쉽 / 쇼맨십)이 있는 사람이 유머도 잘 한다.

14 어떤 이가 종이쪽지에 (사프 / 사아프 / 샤프)로 무엇인가 글씨를 쓰고 있다. 그런데 앞에서 열심히 설명하고 있는 입장에서 보면 슬며시 화가 날 수도 있다.

15 아내가 여고 동창회에 참가하기 위하여 (소올 / 솔 / 숄)을 걸치고 외출을 하였다.

풀이

01 ▷ 슛(shoot) : 축구, 농구 따위의 구기(球技) 경기에서, 골(goal)이나 바스켓(basket)쪽을 향하여 공을 차거나 던지는 일.

02 ▷ 러시아워(rush hour) : 출퇴근이나 통학 따위로 교통이 몹시 혼잡한 시간. 예 러시아워에는 전철에 발 디딜 틈조차 없다.

03 ▷ 리더십(leadership) : 무리를 다스리거나 이끌어 가는 지도자로서의 능력. 예 그는 리더십이 있는 사람이다. / 리더십을 발휘하다. / 지도자는 강한 리더십이 필요하다.

   ▷ '-ship'의 표기는 '십'이므로 '리더십', '쇼맨십'이 맞다. '스칼라십'도 마찬가지이다.

04 ▷ 새시(sash) : 철, 스테인리스강(stainless鋼), 알루미늄(aluminium / aluminum) 따위를 재료로 하여 만든 창의 틀.

05 ▷ 샤워(shower) : 소나기처럼 뿜어 내리는 물로 몸을 씻는 일. 예 나는 하루 종일 침대에 누웠다가 더워지면 샤워를 했다.

06 ▷ 셔터(shutter) : ① 사진기에서, 필름(film)에 적당한 양의 빛을 비추기 위하여 렌즈(lens)의 뚜껑을 재빨리 여닫는 장치. 예 사진을 찍기 위하여 셔터를 누르다. ② 폭이 좁은 철판을 발[簾] 모양으로 연결하여 감아올리거나 내릴 수 있도록 한 문. 주로 방범(防犯)을 목적으로 하여 출입구나 창문에 설치한다. 예 밤 10시 쯤 되자, 주인은 가게 셔터를 내렸다.

07 ▷ 셔츠(shirt) : 서양식 윗옷. 양복저고리 안에 받쳐 입거나 겉옷으로 입기도 한다. 예 그는 청바지에 셔츠 차림을 하고 있었다.

08 ▷ 쇼맨(showman) : ① 춤이나 노래 따위를 공연하는, 무대에 나오는 남성 연기자. ② 전시회 따위에서 소비자들에게 흥미를 느낄 수 있도록 상품을 소개하는 사람. 예 모터쇼(moto show) 같은 전시회에는 쇼맨의 역할이 대단히 중요하다. ③ 얄

꽉하게 남을 현혹하여 그때그때의 효과만을 노리는 사람.

09 ▷ 쇼(show) : ① 구경거리나 구경거리가 된 사건. ② 춤과 노래를 엮어 무대에 올리는 연예 오락. 예 오늘 저녁에 국립극장에서 뮤지컬 쇼가 있는 날이다. ③ 일부러 꾸미는 일의 비유. 예 그 친구는 쇼를 잘 부린다.

10 ▷ 쿠션(cushion) : ① 의자나 소파(sofa), 탈것의 좌석 따위에 편히 앉도록 솜, 스펀지(sponge), 용수철 따위를 넣어 탄력이 생기게 한 부분. 예 그 아버지는 소파(sofa)의 쿠션에 몸을 묻고 조는 아이를 깨우기 시작했다. ② 솜이나 스펀지 따위를 넣어 푹신푹신하게 만든 등 받침. 예 아버지의 눈에 돌연 생기가 돌더니, 발딱 일어나 소파(sofa) 위의 쿠션을 두 개나 집어다가, 가운(gown) 등덜미 쪽으로 해서 꾸역꾸역 등에다가 처넣었다. ③ 당구에서, 공이 부딪치는 당구대 안쪽의 가장자리 면. 예 나는 우선 흰 당구알 하나를 쿠션에 붙였다.

11 ▷ 아이섀도(eye shadow) : 입체감을 내기 위하여 눈두덩에 칠하는 화장품. 예 아내가 외출하기 위하여 아이섀도를 바르다.

12 ▷ 셔틀버스(shuttle bus) : 일정한 구간을 정기적으로 반복하여 다니는 버스(bus). 예 우리 아파트(apartment)에서는 아파트(apartment) 자체 셔틀버스를 운행하기로 했다.

13 ▷ 쇼맨십(showmanship) : 특이한 언행으로 사람들의 이목을 끌고 그들을 즐겁게 하여 인기를 얻는 재능이나 기질.

14 ▷ 샤프(sharp) : 가는 심을 넣고 축의 끝 부분을 돌리거나 눌러 심을 조금씩 밀어 내어 쓰게 만든 필기도구. 샤프펜슬(sharp pencil).

15 ▷ 숄(shawl) : 여자들이 방한(防寒)이나 장식을 목적으로 어깨에 걸쳐 덮는 네모진 천.

정답

01. 숏 02. 러시아워 03. 리더십 04. 새시 05. 샤워 06. 셔터 07. 셔츠 08. 쇼맨 09. 쇼 10. 쿠션 11. 아이섀도 12. 셔틀버스 13. 쇼맨십 14. 샤프 15. 숄

제2장 영어의 표기

제3항 마찰음([s], [z], [f], [v], [θ], [ɣ], [ʃ], [ʒ])

3. 어말 또는 자음 앞의 [ʒ]는 '지'로 적고, 모음 앞의 [ʒ]는 'ㅈ'으로 적는다.

예 mirage[mːlráːʒ] 미라지, vision[víʒ(ə)n] 비전

▷ 어말의 [ʒ]

　예 mirage → 미라지의 '지'

▷ 모음 앞의 [ʒ]

　예 vision → 비전의 'ㅈ'

십일 회
문제

● **다음 ( ) 안의 외래어 중 알맞은 것을 찾아 ○표 해 보자.**

01 뭉친 근육을 푸는 데는 (마사즈 / 마사지 / 마싸지)가 최고이다.

02 금년 들어 (레저 / 레즈 / 레져) 산업이 호황을 누리고 있다.

03 지금 (테레비젼 / 텔레비션 / 텔레비젼 / 텔레비존)에서 축구 중계를 하네요.

04 그는 평소 (캐수얼한 / 캐주얼한 / 캐쥬얼한) 복장을 즐겨 입는다.

풀이

01 ▷ 마사지(massage) : ① 안마(按摩). ② 피부를 문질러서 곱고 건강하게 하는 일. 또는 그런 미용법. 예 전신 마사지. / 마사지를 받다.

02 ▷ 레저(leisure) : 여가를 이용한 휴식이나 행락(行樂).

03 ▷ 텔레비전(television) : 영상과 소리를 전파를 통하여 받아서 재현하는 장치. 또는 그 수상기.

04 ▷ 캐주얼하다(casual~) : 차림새가 격식에 구애되지 아니하고 부드러우며 가볍다.

정답

01. 마사지 02. 레저 03. 텔레비전 04. 캐주얼한

외래어 표기법 정리 12

제2장 영어의 표기

제4항 파찰음([ts], [dz], [tʃ], [dʒ])

1. 어말 또는 자음 앞의 [ts], [dz]는 '츠', '즈'로 적고, [tʃ], [dʒ]는 '치', '지'로 적는다.

예 Keats[kiːts] 키츠, odds[ɑdz] 오즈, switch[switʃ] 스위치
bridge[bridʒ] 브리지, Pittsburgh[pítsbəːrg] 피츠버그
hitchhike[hítʃhàik] 히치하이크

▷ 어말의 [ts], [dz]

예 Keats → 키츠의 '츠', odds → 오즈의 '즈'

▷ 자음 앞의 [ts], [dz]

예 Pittsburgh → 피츠버그의 '츠'

▷ 어말의 [tʃ], [dʒ]

예 switch → 스위치의 '치', bridge → 브리지의 '지'

▷ 자음 앞의 [tʃ], [dʒ]

예 hitchhike → 히치하이크의 '치'

십이 회
문제

● **다음 ( ) 안의 외래어 중 알맞은 것을 찾아 ○표 해 보자.**

01 타자가 친 공은 (아취 / 아치)를 그리며 관중석으로 날아갔다.

02 그들은 일의 마지막 (피취 / 피치 / 핏치)를 올리다.

03 집집마다 (가스레인쥐 / 가스레인지 / 가스렌지)를 사용하고 나서는 잘 잠가야
한다.

04 출판사에 (패케지 / 패키쥐 / 패키지)를 발송하다.

05 선수들은 (코취 / 코치 / 콧치)의 말을 따라 일사불란하게 움직였다.

06 우리는 내일 그 호텔 (라온지 / 라운쥐 / 라운지)에서 만나기로 약속하고 헤어
졌다.

07 여학생 몇이 나무 밑 (벤취 / 벤치)에 앉아 있는 게 보였다.

08 최근 우리나라의 어느 재벌 회장이 식당 종업원에게 (린취 / 린치)를 가하여, 말
썽이 일어난 적이 있다.

09 제 키에 허리둘레가 몇 (인취 / 인치)쯤 되어야 정상일까요?

10 어머니의 가슴에는 어려서부터 보아 온 (브로취 / 브로치 / 브롯치)가 꽂혀 있었다.

11 몇 년 전만 하더라도 우리들은 잉크병 속에 (스펀쥐 / 스펀지 / 스폰지)를 넣어서 쏟아지지 않게 했다.

12 철수는 고속도로에서 내려, (인터체인쥐 / 인터체인지 / 인터첸지)를 넘어가기 위하여 차선을 바꾸었다.

13 내 동생은 간식으로 (소세지 / 소시쥐 / 소시지)를 잘 먹는다.

14 그 영화는 (오리쥐널 / 오리지날 / 오리지널) 소설에 각색된 부분이 많아, 본질이 많이 변하였다.

15 수평선엔 여러 개의 검푸른 섬이 떠있고, 푸른 하늘에는 새하얀 갈매기들이 (왈즈 / 왈치 / 왈츠)와 같은 비상을 하고 있다.

16 외국으로 여행을 갔을 때마다, 우리들은 서로 말이 통하지 않아 (보디랭귀즈 / 보디랭귀지)를 사용하였다.

17 그 아가씨는 겨울이 되면 (부즈 / 부취 / 부츠)를 신고 미끈한 종아리를 뽐낸다.

18 그는 요즘 그림 그리는 데 취미를 붙여, 늘 (스캐취북 / 스케취북 / 스케치북)을 끼고 다닌다.

19 (오렌쥐 / 오렌즈 / 오렌지)는 껍질을 까서 먹어야 제 맛이 난다.

20 학교에 (배쥐 / 배지 / 뱃지 / 뱃지)를 안 달고 등교했다가, 선생님에게 걸려서 혼쭐이 났다.

풀이

01 ▷ 아치(arch) : ① 축하나 환영의 뜻으로, 활이나 부채꼴 모양으로 만든 광고물. ②
무지개 모양의 구조물.

02 ▷ 피치(pitch) : 되풀이하거나 일정한 간격으로 하는 일의 속도나 횟수. 또는 작업
능률.

03 ▷ 가스레인지(gas range) : 가스(gas)를 연료로 해서 쓰는 서양식의 조리용 기구.

04 ▷ 패키지(package) : ① 소포 우편물. 예 패키지가 배달되다. ② 물건을 보호하거
나 수송하기 위한 포장 용기.

05 ▷ 코치(coach) : ① 지도하여 가르침. 예 이래라 저래라 코치를 하다. / 나는 이 일
에 대해서는 이미 코치를 잘 받았다. ② 운동 경기의 정신 · 기술 · 전술(戰術) 따
위를 선수들에게 지도하고 훈련시키는 일. 또는 그 일을 하는 사람. 예 그는 축구
코치 겸 선수이다.

06 ▷ 라운지(lounge) : 호텔(hotel)이나 극장, 공항 따위에서 잠시 쉬어 갈 수 있는 곳
이나 만남의 장소.

07 ▷ 벤치(bench) : ① 여러 사람이 함께 앉을 수 있는 긴 의자. ② 운동 경기장에서,
감독과 선수들이 앉는 자리.

08 ▷ 린치(lynch) : 정당한 법적 수속에 의하지 아니하고 잔인한 폭력을 가하는 일.
미국 독립 혁명 때 반혁명 분자를 즉결 재판으로 처형한 버지니아 주(Virginia
州)의 치안판사 린치(Lynch. C. W.)의 이름에서 유래한다. 예 린치를 당하다.

09 ▷ 인치(inch) : 야드파운드법(Yard-Pound法)에 의한 길이의 단위. 1인치(inch)는 1
피트(feet)의 12분의 1로, 약 2.54 센티미터(centimeter)에 해당한다.

10 ▷ 브로치(brooch) : 옷의 깃이나 앞가슴에 핀으로 고정하는 장신구. 유리, 보석, 귀
금속, 쇠붙이 따위로 만든다.

11 ▷ 스펀지(sponge) : 고무나 합성수지 따위로 해면(海綿)처럼 만든 것. 쿠션(cushion)이나 물건을 닦는 재료로 씀.

12 ▷ 인터체인지(interchange) : 도로나 철도 따위에서, 사고를 방지하고 교통이 지체되지 않도록 하기 위하여, 교차하는 부분을 입체적으로 만들어서 신호 없이 다닐 수 있도록 한 곳. 교통이 혼잡한 곳이나 고속도로 따위에 설치한다. 예 도심으로 들어오는 인터체인지의 정체가 가장 심하다.

13 ▷ 소시지(sausage) : 돼지·소 등 동물의 창자에, 양념하여 곱게 다진 고기를 채우고 삶거나, 훈제(燻製)한 보조 식품.

14 ▷ 오리지널(original) : 복제, 각색, 모조품 따위에 대하여 그것들을 낳게 한 최초의 작품. 예 이 소설은 오리지널 작품을 개작한 것이다.

15 ▷ 왈츠(waltz) : 4분의 3박자의 경쾌한 춤곡. 또는 그에 맞추어 남녀가 한 쌍이 되어 원을 그리며 추는 춤.

16 ▷ 보디랭귀지(body language) : 몸짓이나 표정 따위로 의사 전달을 하는 행위.

17 ▷ 부츠(boots) : 목이 긴 구두.

18 ▷ 스케치북(sketchbook) : 스케치(sketch)를 할 수 있도록 도화지 따위를 여러 장 모아 맨 책.

19 ▷ 오렌지(orange) : 감귤 종류의 하나.

20 ▷ 배지(badge) : 휘장(徽章 : 신분·직무·명예를 나타내기 위해 옷·모자에 붙이는 표). 마크.

정답

01. 아치 02. 피치 03. 가스레인지 04. 패키지 05. 코치 06. 라운지 07. 벤치 08. 린치 09. 인치 10. 브로치 11. 스펀지 12. 인터체인지 13. 소시지 14. 오리지널 15. 왈츠 16. 보디랭귀지 17. 부츠 18. 스케치북 19. 오렌지 20. 배지

제2장 영어의 표기

제4항 파찰음([ts], [dz], [t∫], [dʒ])

2. 모음 앞의 [t∫], [dʒ]는 'ㅊ', 'ㅈ'으로 적는다.

예 chart[t∫ɑːrt] 차트, virgin[və́ːrdʒin] 버진

십삼 회

문제

● 다음 (　) 안의 외래어 중 알맞은 것을 찾아 ○표 해 보자.

01 경기가 좋지 않을 때는 유통 (마아진 / 마진)을 줄이는 수밖에 없다.

02 그는 언제나 (잠바 / 점퍼)에 운동화를 신은, 편한 차림으로 다닌다.

03 진행자가 청취자의 사연을 다 읽자, 프로듀서(producer)는 (앤지니어 / 엔지니어)에게 음악의 볼륨을 높이라는 신호를 보냈다.

04 밑에는 두툼한 초록빛으로 빈틈없이 뒤덮인 (장글 / 정글)에, 빽빽한 원시림이 곰팡이가 핀 이불솜처럼 들어차서, 땅이라고는 한 치도 보이지 않았다.

05 할부 대금을 은행 (지로 / 지이로)로 보내주십시오.

06 우리 학교는 미션 스쿨이라, 일주일에 한번 따로 (채플 / 체플) 시간이 있다.

07 남북은 경제 회담, 체육 회담 등 다양한 (채널 / 체널)을 통하여 접촉하고 있다.

08 여자 친구에게 (쪼콜릿 / 초콜릿 / 쵸콜렛)을 사 주었다.

09 그렇게 말할 때 상필은 보다 실감 있어 보이게 하고자, 두 손으로 (제스처 / 제스

추어)를 자주 썼다.

10 사람들은 건강을 위하여, 아침마다 산책로를 따라 (조깅 / 죠깅)을 한다.

11 타이어에 (채인 / 체인)을 감은 버스가, 눈을 다지면서 오르막길을 올라가고 있었다.

12 사장의 거동은 대단했다. 그들을 완전히 압도할 만한 폭발적 (에나지 / 에너지)를 담고 있었다.

13 바늘 대신 숫자로 시간을 나타내는 시계를 (디지털 / 디지틀) 시계라고 한다.

14 그 사장은 늘 (스케줄 / 스케쥴)이 빡빡해서, 다른 사람을 만날 여유가 없다.

15 딸기를 한꺼번에 많이 사 두었더니, 자꾸 물러서 (잼 / 젬)을 만들었다.

16 정확하고 정직한 보도를 위한 (저널 / 져널)의 노력이 필요한 때이다.

17 야구에서 그 팀의 운명은, (피처 / 피쳐)의 공 하나하나에 달려 있다고 해도 과언이 아니다.

풀이

01 ▷ 마진(margin) : ① 원가와 판매가의 차액. 예 요즘 경제 사정이 좋지 않아 우리
      들은 마진이 별로 남지 않는 장사를 하고 있다. ② 중개인에게 맡기는 증거금. ③
      수수료.

02 ▷ 점퍼(잠바)(jumper) : 복수 표준어. 품이 넉넉하고 활동성이 좋은 서양식 웃옷.
      예 점퍼(잠바)를 입다. / 점퍼(잠바)를 걸치다.

03 ▷ 엔지니어(engineer) : 기계, 전기, 토목 따위의 기술자. 예 그는 반도체 분야에
      종사하는 엔지니어이다.

04 ▷ 정글(jungle) : 열대 지방의 밀림. 예 아프리카 정글. / 정글 속을 헤매다.

05 ▷ 지로(giro) : 은행 따위의 금융권에서, 돈을 보내는 사람의 부탁을 받아 돈을 받
      을, 일정한 번호의 개인이나 단체의 예금 계좌에 돈을 넣어 주는 방식. 예 각종
      공과금을 지로로 납부하다.

06 ▷ 채플(chapel) : 기독교 계통의 학교 따위에서 행하는 예배 모임.

07 ▷ 채널(channel) : ① 어떠한 일을 이루는 방법이나 정보가 전달되는 경로. 예 외
      교 채널. ② 텔레비전(television), 라디오(radio), 무선 통신 따위에서, 주파수대
      에 따라 각 방송국에 배정된, 전파의 전송(傳送) 통로. 예 스포츠 채널. / 채널을
      돌리다.

08 ▷ 초콜릿(chocolate) : 코코아(cocoa) 가루에 향료 · 버터(butter) · 설탕 등을 넣
      고 굳혀서 만든 과자.

09 ▷ 제스처(gesture) : ① 말의 효과를 더하기 위하여 하는 몸짓이나 손짓. 예 특이한
      제스처를 취하다. ② 마음에 없이 남에게 보이기 위한, 형식적인 태도. 예 어떠한
      형태로든 지원을 한다면, 그것이 이때까지의 내 민족의식이 제스처에 지나지 않

왔다는 것을 증명하는 것이라고, 스스로에게 다짐해 두었던 것이다.

10 ▷ 조깅(jogging) : 건강을 유지하기 위하여 자기의 몸에 알맞은 속도로 천천히 달리는 운동.

11 ▷ 체인(chain) : ① 쇠사슬이나 쇠줄. 예 체인을 휘두르다. / 그는 열쇠로 문을 열었지만 체인이 걸려 있는 문은 열리지 않았다. ② 동일 자본 하에 있는 점포, 호텔(hotel), 영화관 따위의 계열. 예 그는 갑자기 친구와 함께 체인 사업에 뛰어들었다. / 이곳은 체인 본부가 있는 곳이다.

12 ▷ 에너지(energy) : ① 인간이 활동하는 근원이 되는 힘. 예 쓸데없이 움직여서 에너지를 소모하기가 싫다. / 선생님의 형님은 그 에너지가 어디에서 나왔건, 자기의 생각을 일관되게 주장해 왔고, 자기의 여자를 위해서 뭔가 싸워 왔어요. ② 기본적인 물리량의 하나. 물체나 물체계가 가지고 있는 일을 하는 능력을 통틀어 이르는 말로, 운동, 위치, 열, 전기 따위의 에너지(energy)로 구분된다.

13 ▷ 디지털(digital) : 여러 자료를 유한한 자릿수의 숫자로 나타내는 방식.

14 ▷ 스케줄(schedule) : 시간에 따라 구체적으로 세운 계획. 또는 그런 계획표.

15 ▷ 잼(jam) : 과일에 설탕을 넣고 약한 불로 졸여 만든 식품.

16 ▷ 저널(journal) : 정기적으로 간행되는 신문이나 잡지.

17 ▷ 피처(pitcher) : 야구에서, 내야의 중앙에 위치한 마운드(mound)에서, 상대편의 타자가 칠 공을 포수를 향하여 던지는 선수.

정답

01. 마진 02. 둘 다 맞음 03. 엔지니어 04. 정글 05. 지로 06. 채플 07. 채널 08. 초콜릿 09. 제스처 10. 조깅 11. 체인 12. 에너지 13. 디지털 14. 스케줄 15. 잼 16. 저널 17. 피처

제2장 영어의 표기

제5항 비음([m], [n], [ŋ])

1. 어말 또는 자음 앞의 비음은 모두 받침으로 적는다.

예 steam[stiːm] 스팀, corn[kɔːrn] 콘, ring[riŋ] 링

lamp[læmp] 램프, hint[hint] 힌트, ink[iŋk] 잉크

▷ 어말 앞의 비음

예 steam → 스팀 받침의 'ㅁ'

corn → 콘 받침의 'ㄴ'

ring → 링 받침의 'ㅇ'

▷ 자음 앞의 비음

예 lamp → 램프 받침의 'ㅁ'

hint → 힌트 받침의 'ㄴ'

ink → 잉크 받침의 'ㅇ'

2. 모음과 모음 사이의 [ŋ]은 앞 음절의 받침 'ㅇ'으로 적는다.

예 hanging[hǽŋiŋ] 행잉, longing[lɔ́ːŋiŋ] 롱잉

십사 회
문제

● **다음 ( ) 안의 외래어 중 알맞은 것을 찾아 ○표 해 보자.**

01 매일 아침, 하루 일과에 대한 간단한 (부리핑 / 브리핑)을 하고, 각자의 업무를
    시작한다.

02 그 여자는 연기자라는 최고의 (개랜티 / 개런티)를 받고, 광고에 출연했다.

03 원유가 폭등으로, 정부의 경제 개발은 (마스터 플랜 / 마스트 플랜)부터 재수정
    되어야 한다.

04 그녀는 길을 가다 (쇼윈도 / 쇼 윈도우)에 비친 자기 모습을 한참 동안이나 바라
    보았다.

05 눈부신 햇살이 뿌리는, 샛노란 월남 농촌의 들판이 지저분하고 무질서한 도시
    위에, 이중 노출된 (모노크롬 / 모노클롬) 사진처럼 드러났다.

06 새로 이사 온 아파트는 10층이라, (곤돌라 / 곤들라)를 이용하여 이삿짐을 날랐다.

07 초등학교 어린이가 벌써 (색소폰 / 색스폰)으로 연주한다.

08 뛰어난 정치력으로 유명한 그는, 정치계에서 '작은 거인'이라는 (닉내임 / 닉네

임)으로 불린다.

09 한글날을 맞이하여 정부에서 훈민정음에 관한 (심포지엄 / 심포지움)을 개최하였다.

10 한창 건축 (부움 / 붐)을 타고 떼돈을 번 건축업자가 많다.

11 오늘 농구 경기에서, 장신(長身)이 많은 상대팀의 (브로킹 / 블로킹)을 뚫지 못해 패배하였다.

12 그는 기자들의 국내 정치에 대한 질문에, (노코맨트 / 노코멘트)로 일관하며 인터뷰에 응하지 않았다.

13 빵에 (마가린 / 마아가린)을 발라 먹으니, 맛이 색다르다.

14 배가 출력 (다운 / 따운)으로 갑자기 고장 나, 속력이 떨어지기 시작했다.

15 식탁에 앉으면 배의 (로링 / 롤링)에 따라, 하얀 사기그릇들이 한쪽으로 주르르 미끄러진다.

16 불을 켜려면 이 (버턴 / 버튼)을 누르면 된다.

17 그는 새로 개발한 상품의 (샘풀 / 샘플)을 사장(社長)에게 제출하였다.

18 졸업 (시즌 / 씨즌)이 다가오자, 꽃집 가게는 많은 사람들로 붐볐다.

19 그 업체는 상품 재고가 많이 쌓여, 물건을 (덤핑 / 듬핑)으로 넘겼다.

20 그 학생은 피아노 (래슨 / 레슨)을 받는 중이다.

21 극장 옥상에 매달린 확성기에서는, 유행가 소리가 십 리 밖에서도 들릴 만큼 큰

(보륨 / 볼륨)으로 왕왕대었다.

22 영상 정보는 텔레비전의 화면이나 (스커린 / 스크린)을 통해, 화면상에 나타나는
정보이다.

23 치석(齒石)이 끼여서 (스케일링 / 스켈링)을 하려고 치과에 갔다.

24 우리 임무는 (방카 / 벙커)에서, 적의 예상 이동로를 감시하는 것이다.

25 국회의사당 지붕은 (도옴 / 돔) 모양이다.

26 운동 경기가 모두 끝나자, 선수들은 (스크럼 / 스크름)을 짜고 원무(圓舞)를 추기
시작했다.

27 낮이지만 여러 개의 형광등이 백금 빛으로 빛나고, 대담한 (데자인 / 디자인)의
실내 장식들은 품위보다는 화사한 분위기 조성에 치중되어 있었다.

28 밤이 이슥해졌으나, (다운타운 / 다원타원)에는 아직도 휘황한 불빛이 빛나고 있
었다.

29 바닷물에 들어갔다 나온 후, 약간 추운 감이 있어서 (비취가운/ 비치가운)을 걸
쳤다.

30 이 희한한 사람이 간간이 또 (매가폰 / 메가폰)을 입에다 갖다 대고, 뭐라고 빽빽
소리를 질러 대는 것이 아닌가.

31 (스탬프 / 스템프)가 찍힌 엽서를 가지고 있다.

32 이 집에는 실내 가구의 (새팅 / 세팅)이 잘되어 있다.

33 베란다에 (알루미늄 / 알미늄) 새시로 방충망을 설치했다.

34 대학의 야간부에서는 자신처럼 나이 든 학생들이 꽤 있었지만, 어디까지나 1학년생들이어서 (미이팅 / 미팅)이니, 야유회니 하는 것들이 자주 있었다.

35 모직물은 반드시 (드라이크리닝 / 드라이클리닝)을 해야 한다.

36 어느 책은 (미스프린트 / 미쓰프린트)가 너무 많아, 독자로부터 신뢰를 받지 못했다.

37 의사들의 (가운 / 까운)을 철저히 소독해 주십시오.

38 어릿광대로 분장한 (샌드위치 맨 / 샌드윗치 맨)이, 두부 장수처럼 종을 딸랑딸랑 흔들며, 마을의 골목골목들을 죄다 누비고 다녔다.

39 오늘 경기는 워낙 (시소게임 / 씨소게임)이어서 보고 있노라니 절로 손에 땀이 났다.

40 엄마는 여동생의 머리를 분홍 (리번 / 리본)으로 예쁘게 묶어 주었다.

41 마지막 (골인 / 꼴인) 지점까지 300미터 남았다.

42 우리나라 대표 권투 선수는, 엊그제 일본 대표 선수와 (넌타이틀 / 논타이틀) 계약을 하여 화제가 되었다.

43 믿어지지 않겠지만 이 드라마는 (넌픽션 / 논픽션)을 바탕으로 한 것이다.

44 (댐 / 땜)이 생기기 전만 해도, 우리 마을은 백 가구가 넘게 살았다.

45 날씨가 너무 더우니까, (러닝 / 런닝) 바람으로 있어도 땀이 줄줄 흐른다.

46 그는 군대 시절에 (레깅스 / 레깅쓰) 차고, 군화 끈 단단히 매고, 철모까지 쓰고 행군하는 것이 다반사였다.

47 그것은 (보올링 / 볼링)에 쓰는 공인데, 재질은 비금속이고 지름은 22센티미터 인데, 무게는 7.3킬로그램을 넘어서는 안 된다.

48 요트 서너 대와 (서어핑 / 서핑 / 써핑) 널빤지이며, 보트들이 해안에 가지런히 놓여 있었고, 휴양소 구내는 조용했다.

49. 아이가 둘이나 있어 (소핑 / 쇼오핑 / 쇼핑)이 쉽지 않아, 주로 배달을 시킨다.

50 철수가 투 스트라이크에서 (서윙 / 스윙)을 하였으나, 공을 맞추지 못하여 삼진 을 당하였다.

51 우리 회사의 새로운 체계를 설계하기 위하여, 현재의 (시스탬 / 시스템)을 분석 하고, 문제를 적절하게 해결하기 위하여 방법과 순서를 결정해야 하겠다.

52 우리 할머니는 텔레비전의 어느 방송극보다 (시트컴 / 시트콤)을 좋아하신다.

53 이웃 집 아이는 (아이스커림 / 아이스크림)보다 그것을 담는 원뿔 모양의 과자를 더 좋아한다. 아삭아삭 씹히는 소리가 좋단다.

풀이

01 ▷ 브리핑(briefing) : 요점을 간추린 보고서. 또는 보고.

02 ▷ 개런티(guarantee) : 영화·텔레비전(television) 등의 계약 출연료. 예 개런티 가 높은 배우와 인기는 정비례하지 않는다.

03 ▷ 마스터 플랜(master plan) : 기본이 되는 계획. 또는 그런 설계. 예 경제 개발 마 스터 플랜을 짜다.

04 ▷ 쇼윈도(show window) : 가게에서 진열한 상품을 들여다볼 수 있도록 설치한 유리창. 예 쇼윈도에 걸려 있는 옷. / 나는 애써 쇼윈도를 들여다보면서 눈으로 보석 하나를 골랐다.

05 ▷ 모노크롬(monochrome) : ① 한 가지 색만 사용하여 그린 그림. 주로 검정이나 짙은 갈색을 쓴다. ② 흑백으로 된 영화나 사진.

06 ▷ 곤돌라(gondola) : ① 배의 일종. 이탈리아(Italia) 베네치아(Venezia)의 명물인 작은 배. 예 베네치아(Venezia)를 여행할 때는 곤돌라에 몸을 싣고 물길을 따라 구경하는 것이 가장 좋다. ② 고층 건물에서 이삿짐 등을 내리고 올리는 기구.

07 ▷ 색소폰(sax phone) : 금관악기의 하나. 예 색소폰을 분다.

08 ▷ 닉네임(nickname) : 별칭, 애칭, 별명.

09 ▷ 심포지엄(symposium) : 토론의 한 형식. 특정한 문제에 대하여, 두 사람 이상의 전문가가 서로 다른 각도에서 의견을 발표하고, 참석자의 질문에 답하는 형식의 토론회. 예 심포지엄을 열다.

10 ▷ 붐(boom) : 어떤 사회 현상이 갑작스레 유행하거나 번성하는 일. 예 붐이 일다. / 붐을 일으키다.

11 ▷ 블로킹(blocking) : 배구에서, 상대편의 스파이크(spike)에 대하여 네트(net) 앞

에서 점프(jump)하여 두 손으로 공을 막아 상대편 코트(court)로 공을 되돌려 보내는 일. 예 공격수의 강 스파이크를 상대편이 블로킹으로 막아내었다.

12 ▷ 노코멘트(no comment) : 의견이나 논평 또는 설명을 요구하는 물음에 답변하지 않는 일.

13 ▷ 마가린(margarine) : 천연 버터(天然butter)의 대용품으로 쓰는 식품의 하나. 우유에 여러 가지 동·식물성 유지(油脂)를 넣어 식힌 후 식염, 색소, 비타민(vitamin) 같은 것을 넣고 반죽하여 굳혀서 만든다.

14 ▷ 다운(down) : ① 가격, 비용, 수량, 능률, 출력, 따위가 내리거나 줆. 또는 그렇게 되게 함. 예 요즘 불경기라서 상점의 물건마다 가격 다운이 유행이다. ② 일에 지치거나, 좋지 아니한 일 따위를 당하여 감정이나 기력이 저조함. 또는 그런 상태를 속되게 이르는 말. 예 난 이제 완전히 다운이니, 자네가 알아서 하게. ③ 권투에서, 한 경기자가 상대편의 주먹을 맞고 목의 복사뼈보다 윗부분이 링(ring)의 바닥에 닿거나, 로프(rope)에 기대거나, 선 채로 경기 불능의 상태에 빠짐. 예 기진맥진한 상대 선수를 몰아쳐서 다운을 빼앗고 말았다.

15 ▷ 롤링(rolling) : 배나 비행기가 좌우로 흔들리는 일.

16 ▷ 버튼(button) : ① 단추. 예 버튼을 채우다. ② 전기 장치에 전류를 끊거나 이어주는 장치. 예 카세트의 재생 버튼을 누르다.

17 ▷ 샘플(sample) : 전체 상품의 품질이나 상태 따위를 알아볼 수 있도록, 미리 만들어 보이는 물건. 예 샘플 채취. / 샘플 분석. / 샘플을 한 번 써 보십시오.

18 ▷ 시즌(season) : 어떤 활동이 활발히 이루어지는 시기. 또는 어떤 활동을 하기에 적절한 시기. 예 요즘은 취업 시즌이다. / 프로 야구 시즌에 맞춰 휴가 계획을 세워야 하겠다.

19 ▷ 덤핑(dumping) : ① 채산을 무시하고 싼 가격으로 상품을 파는 것. 예 상도덕상 덤핑 판매를 금하고 있다. ② 국제 경쟁에서 이기기 위하여, 국내 판매 가격이나 생산비보다 싼 가격으로 상품을 수출하는 일. 가트(GATT)에서 덤핑(dumping)의 조건과 기준을 정한다. 예 덤핑 판정을 받다. / 외국으로 수출하던 자동

차가 덤핑 혐의를 받고 있다.

20 ▷ 레슨(lesson) : 일정한 시간에 받는 개인 교습. 특히 음악이나 발레(ballet) 따위를 개인적으로 배우는 일을 일컫는다.

21 ▷ 볼륨(volume) : ① 부피의 크기에서 오는 느낌. 예 그녀는 볼륨이 있는 몸매를 유지하고 있다. / 머리 가운데에 볼륨을 주어 더 풍성하고 우아해 보인다. ② 라디오(radio), 텔레비전(television), 전축 따위에서 나는 소리의 크기. 예 볼륨을 높이다. / 마이크(mike) 볼륨을 조절하다. ③ 성량(聲量). 예 볼륨이 풍부한 가수. / 그녀 목소리가 약간 우렁우렁하게 거세며 볼륨 있는 바리톤 소리라는 것에 놀랐다.

22 ▷ 스크린(screen) : 영화나 환등(幻燈) 따위를 투영하기 위한 백색 또는 은색의 막. 또는 그 영화. 예 감독은 그 소설을 스크린에 옮기고 싶어 했다. / 지난날에는 침대 시트로 스크린을 만들어 놓고 16밀리 필름을 상영했던 것이다.

23 ▷ 스케일링(scaling) : 치석(齒石)을 제거하는 일.

24 ▷ 벙커(bunker) : ① 배의 석탄 창고. ② 골프장(golf場)의 코스(course) 중, 모래가 들어있는 우묵한 곳. ③ 엄폐호(掩蔽壕 : 적에게 보이지 않게 만든 참호).

25 ▷ 돔(dome) : 반구형(半球形)으로 된 지붕이나 천정.

26 ▷ 스크럼(scrum) : 여럿이 팔을 바싹 끼고, 가로로 줄져 대오(隊伍)를 이루는 것.

27 ▷ 디자인(design) : 의상, 공업, 제품, 건축 따위의 실용적인 목적을 가진, 조형 작품의 설계나 도안. 예 무대 디자인. / 가전제품 디자인. / 여성의류 디자인. / 시민공원 디자인.

28 ▷ 다운타운(downtown) : 상점가. 중심가. 도시의 상업 지역. 예 그는 방송보다는 다운타운에서 더 많이 알려진 가수이다. / 하릴 없이 놈팡이처럼 빈들거리며, 화려한 다운타운을 구경하는 건 더없이 재미있는 짓이었다.

29 ▷ 비치가운(beach gown) : 바닷가에서, 수영복 위에 입는 가운(gown).

30 ▷ 메가폰(megaphone) : 음성이 멀리까지 들리게 하기 위하여 입에 대고 말하는, 나팔처럼 만든 기구.

31 ▷ 스탬프(stamp) : ① 소인(消印). ② 명승고적이나 특별한 행사를 기념하기 위하여 찍는 고무도장. 예 기념 스탬프를 찍다.

32 ▷ 세팅(setting) : ① 주변 사물과의 미적 관계나 일의 목적 따위를 고려하면서, 사물을 배치하거나 새로 맞추는 일. 예 세팅이 단조로운 다이아몬드 목걸이. ② 일정한 열을 가하여 머리카락을 둥글게 말아 올려, 전체적인 머리 모양을 보기 좋게 다듬는 일. 예 네 머리는 자연스러운 반 곱슬머리이라, 세팅을 따로 할 필요가 없겠구나.

33 ▷ 알루미늄(aluminium) : 은백색의 가볍고 연한 금속 원소. 연성(延性)·전성(展性)이 풍부하며, 상온에서는 산화하지 않음. 식기·부엌세간 등에, 특히 경합금(輕合金)의 주성분으로 널리 씀.

34 ▷ 미팅(meeting) : 주로 학생들이 사용하는 말로, 남녀 학생들이 사교를 목적으로 집단으로 가지는 모임. 예 그는 첫 미팅에서 아내를 만났다.

35 ▷ 드라이클리닝(dry cleaning) : 물 대신 벤젠(benzene) 같은 세척액을 사용하는 세탁. 이것의 준말은 '드라이(dry)'이다.

36 ▷ 미스프린트(misprint) : 조판 과정에서의 실수로 인하여 인쇄를 틀리게 박음. 또는 잘못 박힌 인쇄물.

37 ▷ 가운(gown) : ① 여성용의 긴 겉옷. ② 판검사·변호사 등의 법복. ③ 졸업식 등에 교수·졸업생이 입는 예복. ④ 신부(神父)·목사(牧師) 등이 미사나 예배 때에 입는 예복. ⑤ 의사·간호사 등이 입는 위생복.

38 ▷ 샌드위치 맨(sandwich man) : 광고의 효과를 높이기 위하여, 몸의 앞뒤에 두 장의 광고판을 달고, 거리를 돌아다니는 사람.

39 ▷ 시소게임(seesaw game) : 주로 경기에서, 두 편의 득점이 서로 번갈아 올랐다, 내렸다, 쫓았다, 쫓겼다 하면서 접전을 벌이는 일. 예 갑과 을 두 팀이 농구 시합에서 팽팽한 시소게임을 벌였다.

40 ▷ 리본(ribbon) : 끈이나 띠 모양의 물건을 통틀어 이르는 말. 머리, 모자, 선물, 훈장 따위의 장식에 쓴다. 예 리본으로 선물을 묶다. / 우리들은 불조심 강조 기간

에 '불조심'이라고 쓰인 리본을 가슴에 달았다.

41 ▷ 골인(goal in) : 경주에서, 결승점에 도착하는 일.

42 ▷ 논타이틀(non title) : 권투, 레슬링(wrestling) 따위에서 선수권을 걸지 아니하고 벌이는 경기. 논타이틀 매치(non title match).

43 ▷ 논픽션(non fiction) : 상상으로 꾸민 이야기가 아닌, 사실에 근거하여 쓴 작품. 수기, 자서전, 기행문 따위가 있다.

44 ▷ 댐(dam) : 발전(發電), 수리(水利) 따위의 목적으로 강이나·바닷물을 막아 두기 위하여 쌓은 둑.

45 ▷ 러닝(running) : 운동 경기할 때 선수들이 입는 소매 없는 셔츠(shirt). 또는 그런 모양의 속옷. 러닝셔츠(running shirt).

46 ▷ 레깅스(leggings) : 정강이 부분을 보호하기 위하여 대는 헝겊이나 가죽 조각.

47 ▷ 볼링(bowling) : 지름 22센티미터(centimeter)의 비금속성의 공을 굴러, 약 20미터 전방에 정삼각형으로 세워 둔 열 개의 핀(pin)을 많이 쓰러뜨려서 승부를 겨루는 경기.

48 ▷ 서핑(surfing) : 바다의 파도를 이용하여 타원형의 널빤지를 타고 파도 속을 교묘히 빠져나가며 즐기는 놀이. 파도타기(波濤~).

49 ▷ 쇼핑(shopping) : 물건을 사러 백화점이나 상점에 가는 일.

50 ▷ 스윙(swing) : 야구에서, 타자가 배트(bat)를 휘두르는 동작.

51 ▷ 시스템(system) : 필요한 기능을 실현하기 위하여, 관련 요소를 어떤 법칙에 따라 조합한 집합체.

52 ▷ 시트콤(sitcom) : 무대와 등장인물은 같지만 매회(每回) 이야기가 다른 방송 코미디(comedy). 시추에이션 코미디(situation comedy)의 준말.

53 ▷ 아이스크림(ice cream) : 우유, 달걀, 향로, 설탕 따위를 넣어 크림(cream) 상태로 얼린 과자.

01. 브리핑 02. 개런티 03. 마스트 플랜 04. 쇼윈도 05. 모노크롬 06. 곤돌라 07. 색소폰 08. 닉네임 09. 심포지엄 10. 붐 11. 블로킹 12. 노코멘트 13. 마가린 14. 다운 15. 롤링 16. 버튼 17. 샘플 18. 시즌 19. 덤핑 20. 레슨 21. 볼륨 22. 스크린 23. 스케일링 24. 벙커 25. 돔 26. 스크럼 27. 디자인 28. 다운타운 29. 비치가운 30. 메가폰 31. 스탬프 32. 세팅 33. 알루미늄 34. 미팅 35. 드라이클리닝 36. 미스프린트 37. 가운 38. 샌드위치 맨 39. 시소게임 40. 리본 41. 골인 42. 논타이틀 43. 논픽션 44. 댐 45. 러닝 46. 레깅스 47. 볼링 48. 서핑 49. 쇼핑 50. 스윙 51. 시스템 52. 시트콤 53. 아이스크림

제2장 영어의 표기

제6항 유음([l])

1. 어말 또는 자음 앞의 [l]은 받침으로 적는다.

예 hotel[ho(u)tél] 호텔, pulp[pʌlp] 펄프

▷ 어말의 [l]

예 hotel → 호텔 받침의 'ㄹ'

▷ 자음 앞의 [l]

예 pulp → 펄프 받침의 'ㄹ'

십오 회
문제

● 다음 (　) 안의 외래어 중 알맞은 것을 찾아 ○표 해 보자.

01 우리들은 시골의 어느 시외버스 (터미날 / 터미널)에서 만나기로 약속하였다.

02 목욕탕에 목욕용 (타올 / 타월)이 준비돼 있다.

03 그 학생은 멀리뛰기 시험에서 두 번이나 (파올 / 파울)을 범하고 말았다.

04 연회장 (호올 / 홀) 한쪽에는 손님들을 위한 음식이 마련되어 있었다.

05 코트와 양복, 와이셔츠까지 (토탈 / 토털) 금액이 70만원인데요.

06 재봉틀 (패달 / 페달)을 밟으며 재봉질을 하다.

07 크리스마스를 앞두고, 거리에는 흥겨운 (캐럴 / 캐롤)이 흘러 나왔다.

08 기차는 (터널 / 터넬) 속에 기어들어갔다. 높은 기적 소리와 함께 (터널 / 터넬)을 빠져나가자 전주(電柱)의 불빛이 시야에 들어왔다.

09 그녀는 죽은 남편이 그리울 때면 (앨범 / 엘범)을 뒤적이곤 한다.

118

10 체육 선생님의 (휘슬 / 히슬) 소리가 들리자, 모두가 정리 체조를 하기 위해 모였다.

11 나는 한때 (팬팔 / 펜팔)로 외국 친구와 사귄 적이 있다.

12 인물 사진에서는 (푸로필 / 프로필)의 윤곽이 뚜렷한 사람을 촬영하는 것이 효과적이다.

13 그 선수는 칠전팔기의 정신으로 (타이털 / 타이틀) 방어에 성공했다.

14 영자는 비서실의 (인터폰 / 인트폰)에다 대고, 빠르고 낮게 뭐라고 속삭였다.

15 국제 무용 (페스티발 / 페스티벌)이 서울에서 열렸다.

16 흰 (타아일/ 타일)을 붙인 풀장의 바닥이, 속 깊은 데까지 말갛게 비치고 있었다.

17 우리 회사 고객의 성향을 분석한 (파일 / 화일)이 어디에 있지요?

18 겨울이 오면, 그녀는 (울 / 월)로 짠 스웨터를 즐겨 입고 다닌다.

19 (크리스털 / 크리스틀)은 불순물의 혼합 정도에 따라 자색, 흑색, 황색, 홍색 따위의 빛을 띠며, 도장(圖章), 장식품, 광학 기계 따위에 쓴다.

20 우리나라도 한때 (패널 / 페널)이 달린 스커트가 유행한 적이 있었다.

21 그는 (퓔 / 필) 서너 알을 입 안에 털어 넣고 물을 마셨다.

풀이

01 ▷ 터미널(terminal) : 항공, 열차, 버스(bus) 노선 따위의 맨 끝 지점. 또는 많은 교통 노선이 모여 있는 역. 예 고속버스 터미널 / 공용 터미널.

02 ▷ 타월(towel) : 무명실이 보풀보풀하게 나오도록 짠 천. 또는 그것으로 만든 수건. 예 물기를 타월로 닦다. / 어느 날 새벽, 어린것에게 새 옷을 갈아입히고, 타월에 싸서 안고, 움막을 나섰다. / 타월로 머리를 동이고, 아랫목에 누워 계시던 어머니가 고개를 잠깐이나마 드신다.

03 ▷ 파울(foul) : 규칙을 위반하는 일.

04 ▷ 홀(hall) : 건물 안에 집회장, 오락장 따위로 쓰는 넓은 공간. 예 부민관 넓은 홀에는 젭법 가득히 사람들이 모였다.

05 ▷ 토털(total) : ① 합계. 모두. ② 총체적인. 전체적인.

06 ▷ 페달(pedal) : 발로 밟거나 눌러서 기계류를 작동시키는 부품. (자전거의 발걸이나 재봉틀의 발판 따위를 이른다.) 예 자전거 페달을 밟다.

07 ▷ 캐럴(carol) : 크리스마스(Christmas)에 부르는 성탄 축하곡. 14세기 영국에서 종교 가곡의 한 형식으로 생겨나 발전하였으며, 나중에는 성탄절을 축하하는 노래만을 이르게 되었다.

08 ▷ 터널(tunnel) : 산, 바다, 강 따위의 밑을 뚫어 만든, 철도나 도로 따위의 통로. 예 터널을 뚫다.

09 ▷ 앨범(album) : ① 사진첩. 예 졸업 앨범. / 앨범 속의 사진을 보다. / 앨범을 펴다. ② 음반. 예 앨범을 내다. / 앨범을 취입하다. / 앨범을 제작하다. / 좋아하는 가수의 앨범을 몇 장 샀다.

10 ▷ 휘슬(whistle) : 호각(號角). 호루라기. 경적(警笛). 예 휘슬을 불다.

11 ▷ 펜팔(pen pal) : 편지 교제에 의한 친구. 편지를 주고받으며 사귀는 벗. 예 그는 펜팔 친구이다.

12 ▷ 프로필(profile) : ① 인물의 약력. 예 작가의 프로필. / 신문에 소개된 그의 프로필은 매우 화려했다. / 그의 프로필 자료에는 어디에도 종교에 대한 말이 나타나 있지 않았다. ② 측면에서 본 얼굴 모습. 예 아크릴(acrylic) 조각의 여자 프로필이 붙어 있는 문 위로, 그녀의 모습이 사라져 버렸다.

13 ▷ 타이틀(title) : ① 표제. 제목. 예 신문 편집할 때 이 부분은 타이틀을 크게 정하는 것이 좋을 거야. ② 영화에서 각종 정보를 문자로 표시한 자막(字幕). ③ 선수권. 예 타이틀에 도전하다. / 타이틀을 획득하다.

14 ▷ 인터폰(interphone) : 같은 건물이나 선박 따위에서, 방과 방 사이의 통화를 위한 유선 전화 장치. 예 긴급한 사항이 있으면 관리 사무실에 인터폰으로 알려 주십시오.

15 ▷ 페스티벌(festival) : 축하하여 벌이는 큰 규모의 행사.

16 ▷ 타일(tile) : 벽이나 바닥에 붙이기 위해 점토를 구워 만든 겉이 반들반들한, 얇고 작은 도자기 판. 예 타일을 깔다. / 그는 세수를 하고 나오다 타일 바닥에 미끄러져서 이마를 다쳤다.

18 ▷ 파일(file) : 서류철(書類綴). 예 파일을 정리하다.

19 ▷ 울(wool) : ① 양털(羊~). ② 양털로 짠 옷감.

20 ▷ 크리스털(crystal) : 무색투명한 석영의 하나. 육방(六方) 주상(柱狀)의 결정체이며, 주성분은 이산화규소이다.

21 ▷ 패널(panel) : 스커트(skirt) 위에 이중으로 늘어뜨려 화려하게 보이게 하는 장식 헝겊.

22 ▷ 필(pill) : 가루나 결정성(結晶性) 약을 뭉쳐서 눌러 둥글넓적한 원판이나 원추 모양으로 만든 약제(藥劑). 젖당, 초콜릿(chocolate), 아라비아고무(Arabia) 따위를 섞어 만든다. 정제(錠劑).

01. 터미널 02. 타월 03. 파울 04. 홀 05. 토털 06. 페달. 07. 캐럴 08. 터널 09. 앨범 10. 휘슬 11. 펜팔 12. 프로필 13. 타이틀 14. 인터폰 15. 페스티벌 16. 타일 17. 파일 18. 울 19. 크리스털 20. 패널 21. 필

제2장 영어의 표기

제6항 유음([l])

2. 어중(語中)의 [l]이 모음 앞에 오거나, 모음이 따르지 않는 비음([m], [n]) 앞에 올 때에는 'ㄹㄹ'로 적는다. 다만 비음([m], [n]) 뒤에 [l]은 모음 앞에 오더라도 'ㄹ'로 적는다.

예 slide[slaid] 슬라이드, film[film] 필름, helm[helm] 헬름

　　swoln[swouln] 스월른, Hamlet[hǽmlit] 햄릿, Henley[hénli] 헨리

▷ 어중(語中)의 [l]이 모음 앞에 오는 경우에 'ㄹㄹ'로 적는 경우

　　예 slide → 슬라이드의 'ㄹㄹ'

▷ 어중(語中)의 [l]이 모음이 따르지 않는 비음([m], [n]) 앞에 올 때 'ㄹㄹ'로 적는 경우

　　예 film(비음[m] 앞에 온 경우) → 필름의 'ㄹㄹ'

　　　helm(비음[m] 앞에 온 경우) → 헬름의 'ㄹㄹ'

　　　swoln(비음[n] 앞에 온 경우) → 스월른의 'ㄹㄹ'

▷ 비음([m], [n]) 뒤에 [l]은 모음 앞에 오더라도 'ㄹ'로 적는 경우

　　예 Hamlet(비음[m] 뒤에 온 경우) → 햄릿의 'ㄹ'

　　　Henley(비음[n] 뒤에 온 경우) → 헨리의 'ㄹ'

십육 회
문제

● 다음 (   ) 안의 외래어 중 알맞은 것을 찾아 ○표 해 보자.

01 강제 출국이 되면 (불랙리스트 / 브랙리스트 / 블랙리스트)에 올라, 이들은 다시
이 땅에 오기 어렵다.

02 그 사람은 (아리바이 / 알리바이)가 입증되어 혐의를 벗었다.

03 아이가 (스리퍼 / 슬리파 / 슬리퍼)를 끌며 거실을 돌아다닌다.

04 해마다 학교에서는 신학기가 되기 전에 (커리큐럼 / 커리큘럼)을 짜놓아야 한다.

05 이 곡은 (맬로디 / 메로디 / 멜로디)가 단조롭다.

06 앞차가 갑자기 (크락션 / 크락숀 / 크랙슨 / 클랙슨)을 크게 울렸다.

07 그는 생의 목표와 의의를 상실한 (니히리스트 / 니힐리스트)라고 할 수 있다.

08 사방에서 (헤리콥터 / 헬리콥터 / 헬리콥트)들이 날아가는 연속 폭발음이, 도시
의 정신 없는 소음 속에서 들려 왔다.

09 갑 회사 측에서 (클래임 / 크레임 / 클레임)을 많이 제기하는 바람에, 우리 회사

사장이 골치를 앓고 있다.

10 실내에 분수대를 꾸며 놓고 (크래식 / 클래식 / 클레식)만을 고집스레 틀어대는
이 다방은, 오늘도 젊은이들로 초만원을 이루고 있었다.

11 차가운 새벽바람을 무릅쓰고, 어머님은 3(키로 / 킬로)가 넘는 역까지 배웅을 해
주셨다.

12 세 주인공의 삼각관계를 그린 (맬로드라마 / 메로드라마 / 멜로드라마)가, 인기
리에 방영되고 있다.

13 프린터에 (칼라 / 커러 / 컬러) 잉크가 떨어졌는데요.

14 흐린 날씨였다. (브라인드 / 블라인드) 커튼을 활짝 걷어 올렸는데도 탁상(卓上)
등(燈)을 켜야만 했다.

15 신(新) 시장에 비해 구(舊) 시장 거리는 수많은 골목과 샛길이 사방으로 뚫렸고,
한 (브록 / 블록) 건너에는 매춘부들이 사는 싸구려 집들이 달라붙어 있었다.

16 그는 당장의 (디레마 / 딜레마)에서 벗어나려 거짓말을 했다가, 오히려 더 (디레
마 / 딜레마)에 몰리는 상황이 되었다.

17 아버지와 다른 동(棟)에 살고 있는 아들은 (테레파시 / 텔러파시 / 텔레파시)가
통한 듯, 똑같이 줄넘기 준비를 하고 아파트 뒤뜰에 나왔다.

18 혼자서 고민해 오던 친구 문제를 (카운스러 / 카운슬라 / 카운슬러)와 상담했다.

19 나는 변형(變形)과 재구성(再構成)을 통해 중요한 인물들에게 (리알리티 / 리어
리티 / 리얼리티)를 주려 했다.

20 그는 지방 신문에 (카럼 / 칼럼 / 컬럼) 같은 걸 기고하고 있었는데, 나는 그의 글을 몇 안 읽고도 쉽사리 그에게 반하고 말았다.

21 그는 백화점에서 배포한 (카타로그 / 카탈로그)를 펴 보았다.

22 빨치산들은 이미 연월일을 잊고 있었지만, (카렌더 / 캐린더 / 캘린더)는 벌써 1952년 1월 중순에 이르고 있었다.

23 검은 숲에 싸인 (반갈로 / 방가로 / 방갈로)의 불빛들이 희미한 반딧불처럼 깜빡댔다.

24 날씨가 추워서 외투를 입고 (머프러 / 머플러)를 둘렀다.

25 그 남자는 나중에 알고 보니 (보이러 / 보일러)를 설치하거나, 불을 때거나, 수리하는 따위의 관리를 맡아 하는 사람이었다.

26 그들은 (피로폰 / 필로폰) 환각 상태에서 난동을 부린 혐의로 구속되었다.

풀이

01 ▷ 블랙리스트(black list) : 감시가 필요한 위험인물들의 명단. 흔히 수사 기관 따위에서 위험인물의 동태를 파악하기 위하여 마련한다. 예 어머니를 제일 먼저 놀라게 한 것은 블랙리스트에 나의 이름이 올랐다는 것이었다.

02 ▷ 알리바이(alibi) : 범죄가 일어난 때에, 피고인 또는 피의자가 범죄 현장 이외의 장소에 있었다는 사실을 주장함으로써, 무죄를 입증하는 방법. 예 그 사람은 알리바이가 성립되었다.

03 ▷ 슬리퍼(slippers) : 실내에서 신는 신. 뒤축이 없이 발끝만 꿰게 되어 있다. 예 슬리퍼 한 켤레를 샀다. / 슬리퍼를 신다.

04 ▷ 커리큘럼(curriculum) : 교과과정.

05 ▷ 멜로디(melody) : 음의 높낮이의 변화가 리듬(rhythm)과 연결되어, 하나의 음악적 통합으로 형성되는 음의 흐름. 또는 음향의 형태. 예 이 노래는 감미로운 멜로디라서 매우 좋아요.

06 ▷ 클랙슨(klaxon) : 자동차 경적(警笛)의 상표명. 이 말이 변하여 경적(警笛)의 통칭(通稱)으로 사용됨.

07 ▷ 니힐리스트(nihilist) : 염세주의자. 허무주의자.

08 ▷ 헬리콥터(helicopter) : 회전 날개를 기관으로 돌려서 생기는 양력(揚力)과 추진력으로 나는 항공기. 수직 이·착륙과 공중 정지가 가능하다. '헬기'와 같은 말. 예 헬리콥터가 뜨다. / 헬리콥터를 타다. / 긴급 구조대는 중환자를 헬리콥터로 병원에 수송하다.

09 ▷ 클레임(claim) : 수출 계약 위반에 대한 배상 청구. 예 클레임이 걸리다.

10 ▷ 클래식(classic) : 고전 음악. 예 클래식 콘서트 / 그는 클래식에 상당히 조예가

깊다. / 클래식은 들으면 들을수록 깊은 맛이 있다.

11 ▷ 킬로(kilo) : ① 킬로그램(kilogram). 예 한 달 동안 다이어트를 했더니, 몸무게
     가 3킬로나 빠졌다. ② 킬로미터(kilometer).

12 ▷ 멜로드라마(melodrama) : 주로 연애를 주제로 한 통속적인 극. 사건의 변화가
     심하고 통속적인 흥미와 선정성(煽情性)이 있는 대중극.

13 ▷ 컬러(color) : ① 색. 색채. 예 그 그림은 화려한 컬러가 인상적이었다. ② 개성.
     작품의 맛. 기분. 예 그 부서에서는 팀 컬러를 바꾸기로 했다.

14 ▷ 블라인드(blind) : ① 눈을 가리는 물건. ② 창(窓)에 달아 볕을 가리는 물건. 예
     창문마다 블라인드를 치다. / 모든 창에는 블라인드가 드리워져 있었다.

15 ▷ 블록(block) : ① 쌓아 올리도록 만든 장난감. 예 블록으로 쌓기를 하는 것을 보
     니, 손놀림이 제법 자연스러워진 듯하다. ② 시가지, 주거 지대 따위의 작은 단위
     들을 몇 개 합친 일정한 구획. 예 여기서 다섯 블록을 더 걸어가면 우체국이 나옵
     니다.

16 ▷ 딜레마(dilemma) : 선택해야 할 길은 두 가지 중 하나로 정해져 있는데, 그 어느
     쪽을 선택해도 바람직하지 못한 결과가 나오게 되는 곤란한 상황. 예 딜레마에
     빠지다. / 딜레마에 몰리다. / 딜레마에서 벗어나다.

17 ▷ 텔레파시(telepathy) : 한 사람의 사고, 말, 행동 따위가 멀리 있는 다른 사람에
     게 전이되는 심령(心靈) 현상(現象).

18 ▷ 카운슬러(counselor) : 조언자. 상담원. 교도 교사.

19 ▷ 리얼리티(reality) : 현실. 진실. 현실성. 진실감. 예 그 작품에는 리얼리티가 없다.

20 ▷ 칼럼(column) : 신문 · 잡지 따위의 특별기고. 또는 그 기고란. 주로 시사, 사회,
     풍속 따위에 관하여 짧게 평을 한다. 예 그 사람은 권두 칼럼을 쓰느라 바쁘다.

21 ▷ 카탈로그(catalogue) : 선전을 목적으로 그림과 설명을 덧붙여, 작은 책 모양으
     로 꾸민 상품의 안내서. 예 상품 카탈로그를 찍다. / 카탈로그를 통해 주문을 받다.

22 ▷ 빨치산 : 정규군이 아닌, 민간인으로 조직된 유격대.
    ▷ 캘린더(calendar) : 달력.

23 ▷ 방갈로(bungalow) : 산기슭이나 호숫가 같은 곳에 지어 여름철에 훈련용, 피서
용으로 쓰는 산막(山幕), 별장 따위의 작은 집. 예 올해 방갈로 세 채를 지었다. /
여름이면 방갈로에 가서 휴가를 즐긴다.

24 ▷ 머플러(muffler) : 추위를 막거나 멋을 내기 위하여 목에 두르는 물건.

25 ▷ 보일러(boiler) : 물을 가열하여 고온, 고압의 증기나 온수를 발생시키는 장치.
난방시설이나 목욕탕, 터빈(turbine) 구동(驅動) 따위에 쓴다.

26 ▷ 필로폰(Philopon) : 메스암페타민(methamphetamine)의 상품 이름. 무색 결
정 또는 흰 가루로, 냄새가 없는 각성제이다. 남용하면 불면, 환각 따위의 중독
증상이 나타난다. 히로뽕.

정답

01. 블랙리스트 02. 알리바이 03. 슬리퍼 04. 커리큘럼 05. 멜로디 06. 클랙슨 07. 니힐리스
트 08. 헬리콥터 09. 클레임 10. 클래식 11. 킬로 12. 멜로드라마 13. 컬러 14. 블라인드 15. 블록
16. 딜레마 17. 텔레파시 18. 카운슬러 19. 리얼리티 20. 칼럼 21. 카탈로그 22. 캘린더 23. 방갈로
24. 머플러 25. 보일러 26. 필로폰

제2장 영어의 표기

제7항 장모음(長母音)

장모음(長母音)의 장음(長音)은 따로 표기하지 않는다.

예 team[tiːm] 티임(×) → 팀(○)

route[ruːt] 루우트(×) → 루트(○)

십칠 회
문제

● **다음 ( ) 안의 외래어 중 알맞은 것을 찾아 ○표 해 보자.**

01 이번에 맞춘 양복감은 (개버디인 / 개버딘)이었다.

02 그녀는 (거들 / 거어들)을 입지 않고 외출할 때에는, 불안한 마음에 해야 할 일을
     다 하지 못하고 귀가하는 습관이 있다.

03 그는 한 손을 머리 위로 올려 상처 부위를 (거어즈 / 거즈)로 감았다.

04 동생이 어릴 때 (누가 / 누우가)를 많이 먹더니, 지금은 딱딱한 것을 먹지 못할
     정도로 이가 상하였다.

05 그녀는 가끔 (누드 / 누우드)로 모델을 서서 돈을 벌기도 한다.

06 옆집 아주머니는 담배 속에 들어 있는 (니이코틴 / 니코틴) 때문에, 자율 신경에
     장애가 일어나는 중독 증상으로 병원에 입원까지 하였다.

07 연필, 목탄, 철필 따위로 사물의 형태와 명암을 위주로 그린 그림을 (드로오잉 /
     드로잉)이라고 한다.

08 그녀는 친구를 만날 때마다, 자기 손가락을 가리키며 (루비 / 루우비) 반지를 자랑한다.

09 그녀는 몇 년간 피임할 목적으로, 산부인과에서 (루우프 / 루프) 수술을 받았다.

10 운동 경기할 때마다 (루울 / 룰)이 바뀌면 어떻게 하느냐?

11 그는 뛰어난 아이디어와 예리한 통찰력을 가진 소유자로서 (리더 / 리이더)에 손색이 없다.

12 인천공항에서 우리들이 해외여행을 할 때마다, (리무우진 / 리무진)을 타고 이동하였다.

13 우리 편 선수들은 상대의 힘 있는 공격에 눌러 (리시브 / 리시이브) 범실이 잦았다.

14 내일 개최되는 연극제를 앞두고, 우리들은 마지막 (리허설 / 리허어설)을 하였다.

15 그는 일요일이 되면 낚싯대에 장치한 (리일 / 릴)의 손잡이를 돌려, 줄을 풀었다 감았다 하면서 물고기를 낚는 일에 푹 빠져 있다.

16 우리들은 어느 가게의 (메뉴 / 메뉴우 / 메에뉴)를 보고 깜짝 놀랐다. 음식 값이 몰라보게 올랐기 때문이었다.

17 어느 여배우는 긴 (모노오로그 / 모놀로그 / 모놀로오그)를 외워 연기하려고 하니, 힘이 많이 든다고 했다.

18 그 녀석이 멋을 부리려고 머리에 (무스 / 무우스)를 너무 많이 발랐다. 보기가 흉하였다.

19 그녀는 (뮤우지컬 / 뮤지컬) 배우라서 그런지 노래를 무척 잘한다.

20 올 여름에는 (미니스커어트 / 미니스커트)가 유행할 것이라고 한다.

21 함께 추던 다른 사람들이 하나 둘 몸놀림을 멎고 우두커니 서서, 그녀가 추는 (바알레 / 발레)에 넋을 빼앗기기도 했다.

22 그 친구는 공부를 많이 했으면서도 자칭 (브루칼라 / 블루우칼라 / 블루칼라)라고 자랑하면서 산다.

23 과학 실험 시간에 친구가 실수하여 그만 (비이커 / 비커)를 깼다.

24 우리들은 점심시간에 (비이프스테이크 / 비프스테이크)를 주문하여 먹었다.

25 그 사무실은 바로 역 건너편에 있는데, 건물 전체가 철제 (비임 / 빔)으로 되어 있다.

26 영희는 물가에 주저앉는다. 가지고 온 (사암푸 / 샴푸)를 꺼내어 머리를 감기 시작한다.

27 고등학교 다닐 때, (서어지 / 서지) 바지를 입고 다니던 철수는, 많은 친구들의 부러움을 샀다.

28 내일 체육 시간에 여학생들은 (소오프트볼 / 소프트보올 / 소프트볼)을 할 테니, 그렇게 알고 있어라.

29 해녀들은 (스쿠버 스쿠우브)가 필수품이다. 그들은 그것을 지니고 물속으로 들어가 미역 등을 채취하기 때문이다.

30 그들은 겨울이면 (스키 / 스키이)를, 여름에는 일광욕을 즐긴다.

31 이 소설은 앞의 몇 장만 읽어 보아도 (스토리 / 스토오리)가 뻔하다.

32 그녀는 대학을 졸업하자마자, 어느 항공의 (스튜어디스 / 스튜우어디스)가 되었다.

33 아이가 (스트로 / 스트로오)로 음료수를 빨아올려서 먹는다.

34 철수는 세계 챔피언의 (스파링 / 스파아링) 상대가 되었다고 좋아했다.

35 커피 (스푸운 / 스푼)으로 커피를 떠먹기도 하고, 저어 마시기도 했다.

36 그들은 공원을 한 바퀴 도는 데, 일정한 (스피드 / 스피이드)로 보조를 맞춰 걸었다.

37 우리들은 다음 (시인 / 신 / 씨인 / 씬)을 찍기 위해 장소를 이동했다.

38 우리는 12월이 되면, 크리스마스 (시일 / 실 / 씨일 / 씰)을 사둔다.

풀이

01 ▷ 개버딘(gaberdine) : 소모사(梳毛絲) 및 면사(綿絲)를 사용하여 날실을 씨실보다 두 배 정도 촘촘하게 능직(綾織)으로 짠 옷감. 신사복, 코트(coat), 부인복 등의 감으로 쓰며, 화학 섬유로 만든 것도 있다.

02 ▷ 거들(girdle) : 아랫배를 누르고 허리를 조임으로써, 몸매를 날씬하게 하는 여자의 아랫도리 속옷.

03 ▷ 거즈(gauze) : 가볍고 부드러운 무명베. 흔히 붕대로 사용한다. 가제(독. Gaze).

04 ▷ 누가(프. nought) : 흰 빛깔의 무른 캔디(candy). 설탕, 물엿, 녹말, 엿 따위를 끓여 흔히 땅콩, 밤, 살구 따위를 섞어서 굳혀 만든다.

05 ▷ 누드(nude) : 회화, 조각, 사진, 쇼(show) 따위에서 사람의 벌거벗은 모습.

06 ▷ 니코틴(nicotine) : 담배에 들어 있는 알칼로이드(alkaloid)의 하나. 무색의 휘발성 액체로, 빛이나 공기와 접하면 산화하여 갈색을 띠고, 알코올(alcohol)이나 에테르(ether) 따위에 잘 녹는다.

07 ▷ 드로잉(drawing) : 주로 선에 의하여 어떤 이미지(image)를 그려 내는 기술. 또는 그런 작품. 색채보다는 선을 통하여 대상의 형태를 표현하는 데 중점을 둔다.

08 ▷ 루비(ruby) : 붉은빛을 띤 단단한 보석.

09 ▷ 루프(loop) : 고리 모양의 피임 용구. 플라스틱(plastic)이나 금속으로 만들며, 여자의 자궁 안에 장치한다.

10 ▷ 룰(rule) : 놀이나 운동 경기 따위에서 지키기로 정한 질서나 법칙.

11 ▷ 리더(leader) : 조직이나 단체 따위에서 전체를 이끌어가는 위치에 있는 사람

12 ▷ 리무진(프. limousine) : 공항의 여객을 실어 나르는 소형 버스(bus).

13 ▷ 리시브(receive) : 테니스(tennis), 탁구, 배구 따위에서, 서브(serve)한 공을 받아넘기는 일.

14 ▷ 리허설(rehearsal) : 연극, 음악, 방송 따위에서, 공연을 앞두고 실제처럼 하는 연습.

15 ▷ 릴(real) : 낚싯대의 밑 부분에 달아 낚싯줄을 풀고 감을 수 있게 한 장치.

16 ▷ 메뉴(menu) : 음식의 종류와 값을 적은 표.

17 ▷ 모놀로그(monologue) : 배우가 상대역 없이 혼자 말하는 행위. 또는 그런 대사. 관객에게 인물의 심리 상태를 전달하는데 효과적이다.

18 ▷ 무스(프. mousse) : 머리에 발라 원하는 대로 머리 모양을 고정시키는 데 쓰는 거품 모양의 크림. 상품명에서 온 말이다.

19 ▷ 뮤지컬(musical) : 미국에서 발달한 현대 음악극의 한 형식. 음악, 노래, 무용을 결합시킨 것이다.

20 ▷ 미니스커트(miniskirt) : 옷자락이 무릎 윗부분까지만 내려오는, 아주 짧은 길이 의 서양식 치마.

21 ▷ 발레(프. ballet) : 연극의 대사 대신에 춤에 의하여 진행되는 무용극 예술. 16세 기에서 17세기 사이에 프랑스(France) 궁정(宮廷)에서 발달한 것으로, 독무(獨 舞), 조무(組舞), 군무(群舞)로 구성되며, 음악, 문학, 미술, 조명, 의상을 포함하는 종합 무대예술이다. 클래식 발레(classic ballet)와 모던 발레(modern ballet)가 있다.

22 ▷ 블루칼라(blue collar) : 생산직에 종사하는 육체노동자. 푸른 작업복을 입는 데 서 유래한다.

23 ▷ 비커(beaker) : 액체를 붓는, 입이 달린 원통 모양의 화학 실험용 유리 그릇.

24 ▷ 비프스테이크(beef steak) : 서양 요리의 하나. 연한 쇠고기를 적당한 두께로 썰 어서 소금과 후춧가루를 뿌리고 구워 익혀서 만든다.

25 ▷ 빔(beam) : 건물이나 구조물의 들보나 도리.

26 ▷ 샴푸(shampoo) : ① 주로 머리를 감는 데 쓰는 비누. 보통 액체로 되어 있다. ② 머리를 감는 일.

27 ▷ 서지(serge) : 무늬가 씨실에 대하여 45도로 된 모직물. 바탕이 올차고 내구성이 있어 학생복 따위에 사용한다.

28 ▷ 소프트볼(softball) : 야구를 변형한 구기(球技). 또는 거기에 쓰는 공. 9~15명을 한 팀으로 하고, 흰 가죽으로 만든 부드러운 공을 이용하여 7회전까지 경기를 하는데, 야구보다 가볍게 할 수 있어 어린이와 여자들이 즐겨 한다.

29 ▷ 스쿠버(scuba) : 휴대용 수중 호흡 장치. 압축 공기를 채운 봄베(독, Bombe)를 등에 지고 압력 자동 조절기를 통하여 마우스피스(mouthpiece)로 호흡하게 만든 것이다.

30 ▷ 스키(ski) : 스키(ski)를 신고, 달리는 속도나 점프(jump) 능력을 겨루는 경기.

31 ▷ 스토리(story) : 이야기. 줄거리.

32 ▷ 스튜어디스(stewardess) : 여객기나 여객선 따위에서 승객을 돌보는 여자 승무원.

33 ▷ 스트로(straw) : 물 따위를 빨아올리는 데 쓰는 가는 대.

34 ▷ 스파링(sparring) : 권투에서 헤드기어(headgear)를 쓰고 실전(實戰)과 같게 하는 연습 경기.

35 ▷ 스푼(spoon) : 서양식 숟가락.

36 ▷ 스피드(speed) : 물체가 움직이거나 어떤 일이 진행되는 빠르기.

37 ▷ 신(scene) : 영화를 구성하는 극적 단위의 하나. 같은 장소, 같은 시간 내에서 이루어지는 일련의 행동이나 대사가 이루어지는 부분이다.

38 ▷ 실(seal) : 봉인(封印)이나 봉인(封印)의 표로 붙이는 종이.

정답

01. 개버딘 02. 거들 03. 거즈 04. 누가 05. 누드 06. 니코틴 07. 드로잉 08. 루비 09. 루프 10. 룰 11. 리더 12. 리무진 13. 리시브 14. 리허설 15. 릴 16. 메뉴 17. 모놀로그 18. 무스 19. 뮤지컬 20. 미니스커트 21. 발레 22. 블루칼라 23. 비커 24. 비프스테이크 25. 빔 26. 샴푸 27. 서지 28. 소프트볼 29. 스쿠버 30. 스키 31. 스토리 32. 스튜어디스 33. 스트로 34. 스파링 35. 스푼 36. 스피드 37. 신 38. 실

제2장 영어의 표기

제8항 중모음([ai], [au], [ei], [ɔi], [ou], [auə])

중모음은 각 단모음의 음가를 살려서 적되 [ou]는 '오'로, [auə]는 '아워'로 적는다.

예 time[taim] 타임, house[həus] 하우스, skate[skeit] 스케이트

　　oil[ɔil] 오일, boat[bout] 보트, tower[táuər] 타워

▷ 중모음은 각 단모음의 음가를 살려서 적은 경우

　예 time → 중모음 [ai]를 각각 단모음의 음가를 살려서 '아이'로 적은 경우

　　house → 중모음 [au]를 각각 단모음의 음가를 살려서 '아우'로 적은 경우

　　skate → 중모음 [ei]를 각각 단모음의 음가를 살려서 '에이'로 적은 경우

　　oil → 중모음 [ɔi]를 각각 단모음의 음가를 살려서 '오이'로 적은 경우

▷ 중모음 경우 [ou]의 경우

　예 boat → 중모음 [ou]를 '오'로 적은 경우

▷ 중모음 [auə]의 경우

　예 tower → 중모음 [auə]를 '아워'로 적은 경우

십팔 회
문제

● **다음 (   ) 안의 외래어 중 알맞은 것을 찾아 ○표 해 보자.**

01 (스캐일 / 스케일)이 작은 주옥같은 단편 소설도 우리에게 깊은 인상을 심어 준다.

02 조명이 밝아지자, (스태이지 / 스테이지)에 서 있는 두 명의 배우가 걸어 나오기 시작하였다.

03 전기 시설을 마치고 난 후, 전기선을 고정시키기 위하여 일일이 (스태이플 / 스테이플)을 박았다.

04 유리 장(欌) 앞 넓은 불단(佛壇)에는 (스태인리스 / 스테인리스) 촛대가 수도 없이 놓여 있었다.

05 그 사나이는 지난 추석에 친구들과 함께 양주를 (스트래이트 / 스트레이트)로 마신 후, 목을 상하여 병원에 다니는 중이다.

06 그는 회사에서 이중 (스파이 / 스패이) 노릇을 하다가 해고되었다.

07 그는 (스파이크 / 스패이크)를 신고 100미터 출발선에서 호흡을 가다듬고 있다.

08 철수가 붉은색 볼펜을 꺼내어 원고 가장자리의 (스패이스 / 스페이스)에 글자를 몇 자 써 넣었다.

09 (스프래이 / 스프레이)로 난초를 가꾸기도 하고, 화분에 물을 주기도 한다.

10 그는 현수막에 쓰인 (슬로간 / 슬로건 / 슬로우건)을 읽고 역으로 달려갔다. 서울에서 개최되는 전당대회(全黨大會)에서 자기의 주장을 관철하기 위해서였다.

11 어느 여배우의 자살이, 자살 (신드로움 / 신드롬)을 몰고 올지도 모르겠다.

12 계단을 걸어 오르기 힘드신 분은 (애스컬레이터 / 에스커레이터 / 에스컬레이터)를 이용하시기 바랍니다.

13 하얀 (애이프런 / 에이프런)을 두르고, 하얀 모자를 쓴 여자 종업원은 그런대로 신선해서 보기가 좋았다.

14 겉으로 보기에는 아무 이상이 없었지만, 혹시나 해서 (액스래이 / 엑스래이 / 엑스레이)를 찍어 보았더니, 뼈에 살짝 금이 가 있었다.

15 정전(停電)으로 아파트 (앨리베이터 / 에리배이터 / 엘리베이터)가 멈춰서, 우리들은 20층까지 걸어 올라갔다.

16 이 건물의 (오너 / 오우너)는 어느 회사의 사장이다.

17 밤바람은 차지만, 나올 때 걸쳐 입고 온 (오버코트 / 오우버코트) 때문에 그다지 춥지 않다.

18 그는 병마개를 (오우프너 / 오프너) 없이 숟가락 하나로도 잘 딴다.

19 지평선까지 푸른 목장을 배경으로 미국의 (카오보이 / 카우보이 / 키우브이)와

금빛 머리털의 서부 처녀가 키스하는 장면 그림 밑에는, 양들이 한가롭게 풀을 뜯고 있었다.

20 주심(主審)이 녹다운(knockdown)된 선수에게 (카운터 / 카운트)를 다 할 때까지도, 그 선수는 일어나지 못하였다.

21 오늘같이 쌀쌀한 날에는 따뜻한 (코코아 / 코코와) 한 잔을 마시고 싶다.

22 아침 출근 때문에 바쁠 때에는 (코온플래이크 / 콘플래이크 / 콘플레이크)로 아침 식사를 대신한다.

23 나는 참을 수 없는 갈증을 달래느라고 (콜라 / 콜러) 한 병을 단숨에 마셨다.

24 배 안에서는 밤을 낮 삼아 무수한 물자들이, 거대한 (크래인 / 크레인 / 크렌)을 이용하여 부두로 인양되고 있다.

25 어릴 적에 네 잎 (크로바 / 크로버 / 클로바 / 클로버)를 찾느라고, 온 동네 풀밭을 찾아다녔지.

26 그 친구는 워낙 키가 크고 듬직한 체구이기 때문에, 옷이나 신발이나 (킹사아즈 / 킹사이즈 / 킹새이즈)로도 잘 맞지 않는다.

27 그 회사는 매주 (타브로이드 / 타블로우드 / 타블로이드) 신문을 발간하여, 회사 내의 각종 소식을 전하고 있다.

28 마을 사람들이 수리 조합 사람을 만나, 모내기의 (타아이밍 / 타이밍)을 놓쳐서는 안 된다는 쪽으로 쉽게 합의를 보았다.

29 자동차의 경적과 (타아이어 / 타이어) 미끄러지는 소리가 아득하게 들려 왔다.

30 오늘은 날이 몹시 추우니까, (타아이츠 / 타이츠)를 신고 학교에 가거라.

31 유명 인사가 된 그는 강연 계획이 너무 (타아이트 / 타이트)해서 제때 식사하기
도 힘들다.

32 오전 내내 (타아이프라이트 / 타이프라이터)의 자판을 두들겨 대던 철수는, 잠시
의자를 뒤로 물리고 가벼운 체조를 하였다.

33 이 서류는 각종 부호와 숫자가 많으니까, (타아이핑 / 타이핑)에 신경을 써야 한다.

34 (태이블 / 테이블) 위에는 선인장 화분이 놓여 있고, 창에는 푸른색 커튼이 드리
워 있다.

35 요즘 우리나라에 멜라민(melamine) 파동이 일자, 어머니들이 (토스터 / 토오스
터 / 토우스터)로 직접 빵을 구워, 아이들에게 먹이는 것이 유행이다.

36 자기 확신에 차 있는 사람들이 흔히 그렇듯이, 철수는 여간해서는 목소리에 억
양을 넣거나 (토운 / 톤)을 높이는 법이 없었다.

37 주황빛 황혼이 창문을 붉게 채색할 때까지, 대운동장에서의 유도 (트래이닝 / 트
레이닝 / 트레닝)은 끝나지 않았다.

38 트럭이 수출용 자동차를 여러 대 실은 (트래일러 / 트레일러 / 트랠러 / 트렐러)
를 힘겹게 끌면서, 오르막을 오르고 있었다.

39 전국 체육 대회 우승자에게는 상장과 (트로오피 / 트로우피 / 트로피)가 수여된다.

40 한겨울에 수도 (파아이프 / 파이퍼 / 파이프)가 얼어서 터져, 출근길 도시의 거리
는 온통 빙판이 되어 버렸다.

41 시베리아에서 중국, 북한을 거쳐 남한에 이르는 대규모 천연가스 (파아이프라인 / 파이프라인 / 파입라인) 건설이 논의되고 있다.

42 책을 펼치자, (패이지 / 페에지 / 페이지)마다 돌아가신 아버지의 숨결이 느껴졌다.

43 하루는 배 위에서 식사를 하려는 참인데, 일본인 종업원이 계란 (프라이 / 후라이)를 날라 왔다.

44 나는 그가 마련한 여섯 달 과정의 교육 (프로그램 / 프로그렘 / 플로그램 / 플로그렘)에 참가하여 많은 것을 배웠다.

45 그는 소문난 (프래이보이 / 프레이보이 / 플래이보이 / 플레이보이)로, 만나는 여자가 한둘이 아니었다.

46 도무지 어느 모로 뜯어보아도 의용군(義勇軍)에 자원했을 것 같지는 않았고, 마치 가벼운 (하아이킹 / 하이킹)이라도 나선 차림이었다.

47 위성 통신, 광 통신, 컴퓨터 따위의 (하아이테크 / 하이테크 / 하이텍)의 총아(寵兒)는 통신 체계의 혁신을 가져오고 있다.

풀이

01 ▷ 스케일(scale) : 일이나 계획 따위의 틀이나 범위.

02 ▷ 스테이지(stage) : 노래, 춤, 연극 따위를 하기 위하여, 객석 정면에 만들어 놓은 단(壇). 무대(舞臺).

03 ▷ 스테이플(staple) : 전기 코드(cord) 따위의 선을 고정하는 데 사용하는 'ㄷ'자 모양의 못.

04 ▷ 스테인리스(stainless) : '스테인리스강(stainless鋼)'을 일상적으로 이르는 말. 크롬(독, Chrom)과 탄소 외에 용도에 따라 니켈(nic-kel), 텅스텐(tungsten), 바나듐(vanadium), 구리, 규소 따위의 원소를 포함한, 부식(腐蝕)을 잘 견디어내는 성질을 가진 강철. 녹이 슬지 않고 약품에도 변질되지 않는다.

05 ▷ 스트레이트(straight) : 양주(洋酒)에 물 따위를 타지 않고 그냥 마시는 일. 또는 그 양주(洋酒).

06 ▷ 스파이(spy) : 몰래 적이나 경쟁 상대의 정보를 알아내어, 자기편에 보고하는 사람. 간첩(間諜).

07 ▷ 스파이크(spike) : 바닥에 뾰족한 징이나 못을 박은 운동화. 스파이크 슈즈 (spike shoes).

08 ▷ 스페이스(space) : 신문 잡지 원고 따위의, 지면의 여백.

09 ▷ 스프레이(spray) : 물이나 약품 따위를 안개와 같이 뿜어냄. 또는 그렇게 하는 기구. 분무(噴霧). 분무기(噴霧器).

10 ▷ 슬로건(slogan) : 주의(主義), 주장(主張) 등을 간결하게 나타낸 짧은 어구.

11 ▷ 신드롬(syndrome) : 어떤 것을 좋아하는 현상이 전염병과 같이 전체를 휩쓸게 되는 현상.

144

12 ▷ 에스컬레이터(escalator) : 사람이나 화물이 자동적으로 위아래 층으로 오르내
릴 수 있도록 만든, 계단 모양의 장치. 자동계단.

13 ▷ 에이프런(apron) : 어깨에 거는 서양식 앞치마나 턱받이.

14 ▷ 엑스레이(x - ray) : 눈으로 볼 수 없는 물체의 내부를, 엑스선(x線)을 이용하여
찍는 사진. 엑스선(x線) 사진.

15 ▷ 엘리베이터(elevator) : 동력(動力)을 사용하여 사람이나 화물을 아래위로 나르
는 장치.

16 ▷ 오너(owner) : 소유권을 가진 사람.

17 ▷ 오버코트(over coat) : 추위를 막기 위하여 겉옷 위에 입는 옷.

18 ▷ 오프너(opener) : 따개. 병따개.

19 ▷ 카우보이(cowboy) : 미국 서부 지방이나 멕시코(Mexico) 등지의 목장에서, 말
을 타고 일하는 남자를 이르는 말.

20 ▷ 카운트(count) : 권투에서, 녹다운(knockdown)의 경우 주심(主審)이 10초의
시간을 재는 일.

21 ▷ 코코아(cocoa) : 카카오나무(cacao~)의 열매를 빻은 가루를 타서 만든 차. 코코
아차(cocoa茶).

22 ▷ 콘플레이크(cornflakes) : 옥수수 가루에 소금, 설탕, 꿀 따위를 넣어 얇게 가공
하여 만든 식품. 우유에 타서 먹거나, 크림(cream) 따위를, 발라 간단한 아침 식
사나 유아식으로 많이 이용한다.

23 ▷ 콜라(cola) : 콜라나무(cola~)의 종자와 코카(coca)의 잎을 주원료로 사용하여
만드는 청량음료. 카페인(caffeine) 성분을 많이 지니고 있으며 독특한 맛을 낸다.

24 ▷ 크레인(crane) : 무거운 물건을 들어 올려, 아래위나 수평으로 이동시키는 기계.

25 ▷ 클로버(clover) : 토끼풀.

26 ▷ 킹사이즈(king-size) : 치수가 표준보다 특별히 큰 것.

27 ▷ 타블로이드(tabloid) : 가로 254㎜ 세로 374㎜인 인쇄물의 규격. 신문지의 절반
크기이다. 타블로이드판(tabloid版).

28 ▷ 타이밍(timing) : 주변의 상황을 보아 좋은 시기를 결정함. 또는 그 시기.

29 ▷ 타이어(tire) : 자동차, 자전거 따위의 바퀴 굴통에 끼우는 테. 주로 고무로 만들
며, 안쪽에 압축 공기를 채워, 노면에서 받는 충격을 흡수한다.

30 ▷ 타이츠(tights) : 주로 어린이들이 방한용(防寒用)으로 신는, 허리까지 오는 긴
양말.

31 ▷ 타이트하다(tight~) : 시간적인 여유가 없다.

32 ▷ 타이프라이터(typewriter) : 자모(字母)와 부호, 숫자 따위의 활자가 딸린 키
(key)를 눌러서, 종이 위에 글자를 찍는 기계. 타자기(打字機).

33 ▷ 타이핑(typing) : 타자기나 문서 작성 도구로 글자를 침.

34 ▷ 테이블(table) : 상(床), 식탁, 책상, 탁자 등.

35 ▷ 토스터(toaster) : 전기를 이용하여 식빵을 굽는 기구.

36 ▷ 톤(tone) : 전체에서 느끼는 기분이나 격조. 또는 소리.

37 ▷ 트레이닝(training) : 주로 체력 향상을 위하여 하는 운동.

38 ▷ 트레일러(trailer) : 동력(動力) 없이 견인차(牽引車)에 연결하여 짐이나 사람을
실어 나르는 차량.

39 ▷ 트로피(trophy) : 입상(入賞)을 기념하기 위하여 수여하는 컵, 기(旗), 방패, 상
(像) 따위의 기념품.

40 ▷ 파이프(pipe) : 물이나 공기, 가스(gas) 따위를 수송하는 데 쓰는 관(管).

41 ▷ 파이프라인(pipeline) : 석유나 천연가스(天然gas) 따위를 수송하기 위하여 매
설한 관로(管路).

42 ▷ 페이지(page) : 책이나 장부 따위의 한 쪽 면(面).

43 ▷ 프라이(fry) : 음식을 기름에 지지거나 튀기는 일. 또는 그렇게 만든 음식.

44 ▷ 프로그램(program) : 진행 계획이나 순서.

45 ▷ 플레이보이(playboy) : 놀기를 좋아하고 바람기가 있는 남자.

46 ▷ 하이킹(Hiking) : 심신의 단련이나 관광 따위를 목적으로, 걸어서 여행하는 일.

47 ▷ 하이테크(hightech) : 고도의 과학을 첨단 제품의 생산에 적용하는 기술 형태를

통틀어 이르는 말.

01. 스케일 02. 스테이지 03. 스테이플 04. 스테인리스 05. 스트레이트 06. 스파이 07. 스파이크 08. 스페이스 09. 스프레이 10. 슬로건 11. 신드롬 12. 에스컬레이터 13. 에이프런 14. 엑스레이 15. 엘리베이터 16. 오너 17. 오버코트 18. 오프너 19. 카우보이 20. 카운트 21. 코코아 22. 콘플레이크 23. 콜라 24. 크레인 25. 클로버 26. 킹사이즈 27. 타블로이드 28. 타이밍 29. 타이어 30. 타이츠 31. 타이트 32. 타이프라이터 33. 타이핑 34. 테이블 35. 토스터 36. 톤 37. 트레이닝 38. 트레일러 39. 트로피 40. 파이프 41. 파이프라인 42. 페이지 43. 프라이 44. 프로그램. 45. 플레이보이 46. 하이킹 47. 하이테크

외래어 표기법 정리 19

제2장 영어의 표기

제9항 반모음([w], [j])

1. [w]는 뒤따르는 모음에 따라 [wə], [wɔ], [wou]는 '워', [wa]는 '와', [wæ]는 '왜', [we]는 '웨' [wi]는 '위', [wu]는 '우'로 적는다.

예 word[wəːrd] 워드, want[wɑːnt] 원트, woe[wou] 워
   wander[wɑ́ːndər] 완더, wag[wæg] 왜그, west[west] 웨스트
   witch[witʃ] 위치, wool[wul] 울

▷ 반모음 [w]이 모음 [ə]와 어울린 경우

예 word → 워드의 '워'

▷ 반모음 [w]이 모음 [ɔ]와 어울린 경우

예 want → 원트의 '워'

▷ 반모음 [w]이 모음 [ou]와 어울린 경우

예 woe → 워의 '워'

▷ 반모음 [w]이 모음 [a]와 어울린 경우

예 wander → 완더의 '와'

▷ 반모음 [w]이 모음 [æ]와 어울린 경우

예 wag → 왜그의 '왜'

▷ 반모음 [w]이 모음 [e]와 어울린 경우

예 west → 웨스트의 '웨'

▷ 반모음 [w]이 모음 [i]와 어울린 경우

예 witch → 위치의 '위'

▷ 반모음 [w]이 모음 [u]와 어울린 경우

예 wool → 울의 '우'

십구 회
문제

● **다음 ( ) 안의 외래어 중 알맞은 것을 찾아 ○표 해 보자.**

01 미군 두 명이 (아이어 / 와이어) 통을 메고 마침 도로변에 전화선을 가설하고 있었다.

02 갈수록 내리는 눈은 심해져서, 화살처럼 달려드는 눈을 (아이퍼 / 와이퍼)는 미처 다 쓸어내지도 못했다.

03 (아이프 / 와이프)가 출산한 지 얼마 안 돼서 일찍 집에 들어가야 합니다.

04 안방에서 젊은 부부가 (아인 / 와인) 한 잔 마시면서 이야기하는 소리가, 방 밖으로 조금씩 새어 나갔다.

05 그는 성격이 (아일드해서 / 와일드해서) 걸핏하면 남과 싸움하기가 일쑤였다.

06 본 시합을 하기 전에 (어밍업 / 워밍업)부터 해야만 사고를 방지할 수 있단다.

07 푸른 옷들 틈에 섞인 녹색의 작업복은 그 단정하게 죄어 맨, 목 높은 (어크 / 워크)와 더불어 씩씩하게 보였다.

08 우리 회사에서는 이번 주말에 (어크숍 / 워크삽 / 워크숍)이 있습니다.

09 가끔 (어키토키 / 워키토키)로 소대장(小隊長)이 나지막한 목소리로 교신을 주고받을 뿐, 완전히 숨죽인 산속의 정적이 감돈다.

10 예식장에서 빌린 신부의 (에딩드레스 / 외딩드레스 / 웨딩드레스 / 웨딩들레스)가, 몸에 맞춘 듯 꼭 어울렸다.

11 배가 기우뚱거리자, 사람들은 (외이스트 /웨스트 / 웨이스트)로 몰려들었다.

12 (에이터 / 외이터 / 웨이터)가 어느새 술을 날라 와, 세 사람 앞에 술잔들을 늘어놓았다

13 (에이터리스 / 외이트리스 / 웨이트레스 / 웨이트리스)에게 주문을 해 놓고 나는 찬찬히 왼편 탁자의 백인(白人) 부부를 곁눈질로 관찰했다.

14 그의 글에는 늘 (위뜨 / 위트 / 윗트)와 유머(humor)가 서려 있었다.

15 내가 뒤를 쳐다보니까, 근옥이 색시는 글쎄 나한테 슬쩍 (잉커 / 윙커 / 윙크)까지 하잖아요.

16 타자가 타석에 들어서자마자, 투수는 (아인드업 / 와인드업)을 함으로써 타자를 혼란스럽게 만드는 작전을 구사하였다.

17 1볼트의 전압으로 1암페어의 전류가 흐를 때의 전력의 크기를 (아트 / 와트)라고 한다.

18 그 사람은 1년 전에 전원주택을 마련하였고, 텃밭을 일군다고 며칠 전에 (애건 / 외건 / 왜건)까지 구입하였다.

19 우리 편 농구 선수가 자꾸만 (어킹 / 오킹 / 워킹)을 하는 바람에, 상대편에게 유리한 경기가 진행될 수밖에 없었다.

20 그녀는 퇴근 후 우연히 백화점에 갔다. 그 곳에서 약 1시간 동안 (인도소핑 / 인도쇼핑 / 윈도소핑 / 윈도쇼핑)만 하고 집으로 돌아왔다.

풀이

01 ▷ 와이어(wire) : 여러 가닥의 강철 철사를 합쳐 꼬아 만든 줄. 강삭(鋼索).

02 ▷ 와이퍼(wiper) : 자동차의 앞 유리에 들이치는 빗방울 따위를 좌우로 움직이면서 닦아내는 장치.

03 ▷ 와이프(wife) : 부인, 아내, 안사람, 집사람.

04 ▷ 와인(wine) : 포도주.

05 ▷ 와일드하다(wild~) : 행동이나 성격 따위가 거세거나 막되다. 차분하거나 고상하지 못하다.

06 ▷ 워밍업(warming up) : 운동 경기를 시작하기 전에 하는 준비 운동이나 가벼운 연습.

07 ▷ 워크(walker) : 군인용 구두. 군화(軍靴).

08 ▷ 워크숍(work shop) : 연구 발표회. 참가자가 전문가의 조언을 받으면서, 문제 해결을 위하여 하는 협동 연구.

09 ▷ 워키토키(walkie-talkie) : 경비 연락, 취재 연락 따위에 쓰는 휴대용의 소형 무선 송수신기. 주로 초단파대에서 에프엠(FM) 방식을 쓴다.

10 ▷ 웨딩드레스(wedding dress) : 결혼식 때, 신부가 입는 서양식 혼례복. 흔히 흰색이며 옷자락이 길다. 예 하얀 웨딩드레스를 입고, 면사포를 곱게 쓴 신부는 정말 아름다웠다.

11 ▷ 웨이스트(waist) : ① 사람의 허리 부분. 또는 몸통 둘레의 길이. ② 배의 상갑판(上甲板)의 중앙부.

12 ▷ 웨이터(waiter) : 호텔(hotel), 서양식 음식점, 술집, 찻집 따위에서 손님의 시중을 드는 남자 종업원.

13 ▷ 웨이트리스(waitress) : 호텔(hotel), 서양식 음식점, 술집, 찻집 따위에서 음식을 나르거나 손님의 시중을 드는 여자 종업원.

14 ▷ 위트(wit) : 말이나 글을 즐겁고 재치 있고 능란하게 구사하는 능력. 예 그 사람은 늘 위트가 넘친다.

15 ▷ 윙크(wink) : 상대에게 무엇인가 암시하거나 추파(秋波)로써 한쪽 눈을 깜빡거리며 하는 눈짓.

16 ▷ 와인드업(windup) : 야구나 소프트볼(softball)에서, 투수가 공을 던지기 전에 팔을 크게 돌리거나 양손을 머리 위로 높이 쳐드는 동작.

17 ▷ 와트(watt) : 전력의 단위. 영국의 기계 기술자 와트(Watt)의 이름에서 유래한다.

18 ▷ 왜건(wagon) : 승용차를 모양에 따라 분류한 형식의 하나. 세단(sedan)의 지붕을 뒤쪽까지 늘려 뒤 좌석 바로 뒤에 화물칸을 설치한 승용차.

19 ▷ 워킹(walking) : 농구에서, 경기자가 공을 가진 채 세 걸음 이상 가는 경우에 범하는 반칙.

20 ▷ 윈도쇼핑(window-shopping) : 상점이나 백화점 따위를 돌아다니며, 물건을 사지는 아니하고 진열된 것들을 구경만 하는 일.

정답

01. 와이어 02. 와이퍼 03. 와이프 04. 와인 05. 와일드해서 06. 워밍업 07. 워크 08. 워크숍 09. 워키토키 10. 웨딩드레스 11. 웨이스트 12. 웨이터 13. 웨이트리스 14. 위트 15. 윙크 16. 와인드업 17. 와트 18. 왜건 19. 워킹 20. 윈도쇼핑

제2장 영어의 표기

제9항 반모음([w], [j])

2. 자음 뒤에 [w]가 올 때에는 두 음절로 갈라 적되, [gw], [hw], [kw]는 한 음절로 붙여 적는다.

예 swing[swiŋ] 스윙   twist[twist] 트위스트   penguin[péŋgwin] 펭귄

　　whistle[(h)wísl] 휘슬 quarter[kwɔ́:rtər] 쿼터

▷ 자음 뒤에 반모음 [w]가 올 때 두 음절로 갈라 적은 경우

　　예 swing → 스윙의 '스위', twist → 트위스트의 '트위'

▷ 자음 뒤에 반모음 [w]가 올 때 [gw], [hw], [kw]는 한 음절로 붙여 적은 경우

　　예 penguin([gw]가 왔기 때문에 한 음절로 붙여 적은 경우) → 펭귄의 '귀'

　　　whistle([hw]가 왔기 때문에 한 음절로 붙여 적은 경우) → 휘슬의 '휘'

　　　quarter([kw]가 왔기 때문에 한 음절로 붙여 적은 경우) → 쿼트의 '쿼'

이십 회

문제

● **다음 ( ) 안의 외래어 중 알맞은 것을 찾아 ○표 해 보자.**

01 이 (스위치 / 스이치)는 어떻게 작동하는지 잘 모르겠는데.

02 필리핀에서, 여행을 하는 동안 갑자기 (스코올 / 스콜)이 내리는 바람에, 당황한 적이 한두 번이 아니었다.

03 그는 오래간만에 (스커시 / 스쿼시)를 한 잔 하고 외출하였다.

04 그 선수는 마지막 회에 점수 한 점을 더 올리려고 (스키즈 / 스퀴즈)를 구사하였으나 실패했다.

05 나는 어리둥절하고 불안했지만, 그의 뒤를 따라서 (퀀셋 / 퀸셋) 막사로 갔다.

06 우리 아들이 우리말 (퀴즈 / 키즈) 대회에 참가하여 상을 받았다.

07 겨울날치곤 푸근했기 때문에, 부속 병원 쪽 입원실 뜰에서 (힐체어 / 휠체어)를 타고, 해바라기를 하고 있는 환자도 보였다.

08 회사에서 각 대리점에 입장권 판매량을 할당했는데, 그이가 제일 많은 (커터 /

쿼터)를 받았다.

09 천연 염료는 19세기 중반까지 전 세계의 생활 속에서 이용되었는데, 1856년 영
국인 윌리엄 퍼킨이 말라리아 특효약인 (퀴닌 / 키닌) 합성 실험 중 우연하게 보
라색 액체를 얻었다.

10 사교춤을 배우러 갔더니, 어느 강사가 회원들에게 반주 음악에 따라 (퀵, 퀵 /
킥, 킥) 소리를 내며 동작을 지시하는 것이었다.

11 음악을 전공한 미희는 역대 5월의 (퀸 / 퀀) 중에서도, 가장 아름다운 각선미(脚
線美)를 지닌 미인이었다.

12 그녀는 시집 갈 때 가지고 가려고, (퀼팅 / 킬팅)으로 누빈 이불을 하나 장만하
였다.

13 여덟 사람이 두 사람씩 짝을 지어 마주 서서, 사각(四角)을 이루면서 추는 미국
의 대표적인 포크 댄스를 (스케어 / 스케워 / 스퀘어) 댄스라고 한다.

◇ 정답 ◇

01 ▷ 스위치(switch) : 전기 회로를 이었다 끊었다 하는 장치. 보통 전등, 라디오(radio), 텔레비전(television) 따위의 전기 기구를 손으로 누르거나 틀어서 작동하는 부분을 이른다. 예 전원 스위치. / 스위치를 켜다. / 스위치를 끄다. / 스위치를 내리다. / 밥통 스위치를 눌렀다.

02 ▷ 스콜(squall) : 열대 지방에서 대류(對流)에 의하여 나타나는 세찬 소나기. 강풍, 천둥, 번개 따위를 수반하는 경우가 많다.

03 ▷ 스쿼시(squash) : 과일즙을 소다수로 묽게 하고 설탕을 넣은 음료수.

04 ▷ 스퀴즈(squeeze) : 야구에서, 스퀴즈 번트(squeeze bunt)로 점수를 얻으려는 전술.

05 ▷ 퀀셋(Quonset) : 길쭉한 반원형의 간이 건물. 군용 막사.

06 ▷ 퀴즈(quiz) : 어떤 질문에 대한 답을 알아맞히는 놀이. 또는 그 질문을 통틀어 이르는 말. 예 퀴즈를 풀다.

07 ▷ 휠체어(wheel chair) : 바퀴 달린 의자. 다리를 마음대로 움직일 수 없는 사람이 앉은 채로 이동할 수 있도록 바퀴를 단 의자. 예 교통사고로 다리를 크게 다친 그는 휠체어에 의지하여 생활하고 있었다.

08 ▷ 쿼터(quota) : 몫, 배당량, 수출입 배당량, 수출입 한도량, 한도량 등의 뜻.

09 ▷ 퀴닌(quinine) : 키니네(quinine) 기나나무(幾那~) 껍질에서 얻는 알칼로이드(alkaloid). 말라리아(malaria) 치료의 특효약으로 해열제, 건위제, 강장제 따위로도 쓴다.

10 ▷ 퀵(quick) : 댄스(dance) 용어로 '빠르게' 또는 '급히'라는 뜻이다. 상대어는 슬로(slow)이다.

11 ▷ 퀸(queen) : 여왕(女王).

12 ▷ 퀼팅(quilting) : 수예 기법의 하나. 이불, 쿠션(cushion) 따위에 누비질을 하여
　　　　무늬가 두드러지게 하는 방법이다.

13 ▷ 스퀘어(square) : 남자와 여자가 서로 마주 본 자세를 가리킨다. 정확한 용어로
　　　　는 파트너 스퀘어(partner square) 또는 스퀘어 투 파트너(square to partner)
　　　　라고 한다.

정답

01. 스위치 02. 스콜 03. 스쿼시 04. 스퀴즈 05. 퀸셋 06. 퀴즈 07. 휠체어 08. 쿼터 09. 퀴닌
10. 퀵, 퀵 11. 퀸 12. 퀼팅 13. 스퀘어

제2장 영어의 표기

제9항 반모음([w], [j])

1. (1) 반모음 [j]는 뒤따르는 모음과 합쳐 '야', '얘', '여', '예', '요', '유', '이'로 적
는다.

(2) 다만 [d], [l], [n] 다음에 [jə]가 올 때에는 각각 '디어', '리어', '니어'로
적는다.

예 yard[jɑːrd] 야드, yank[jæŋk] 얭크, yearn[jəːrn] 연

yellow[jélou] 옐로, yawn[jɔːn] 욘, you[juː] 유, year[jiər] 이어

Indian[índiən] 인디언, battalion[bətǽliən] 버탤리언

union[juːnjən] 유니언

▷ (1)의 경우

예 yard → 야드의 '야', yank → 얭크의 '얘', yearn → 연의 '여',

yellow → 옐로의 '예', yawn → 욘의 '요', you → 유의 '유',

year → 이어의 '이'

▷ (2)의 경우

예 India → 인디어의 '디어', battalion → 버탤리언의 '리어',

union → 유니언의 '니어'

이십일 회
문제

● **다음 (   ) 안의 외래어 중 알맞은 것을 찾아 ○표 해 보자.**

01 내 눈 앞에 펼쳐진 390(아드 / 야드 / 야아드)를 위한 첫 번째 자신과의 싸움이
    나의 임무이다.

02 어느 영화에서 여자 주연 배우가 말한 "(얀키 / 야양키 /양키) 고(go) 홈(home)"
    은, "외국인 너희 나라로 가라"라는 뜻이었다.

03 축구 경기에서 그 선수가 (엘로카드 / 옐로카드)를 꺼내 든 주심에게 강하게 항
    의하다가, 결국 퇴장을 당하는 수모를 겪었다.

04 병원에 가서 의사 선생님께 자문을 구했더니, '(요가 / 요오가)는 잘못하면 허리
    디스크 환자에겐 오히려 좋지 않은 영향을 끼친다.'고 말씀하셨다.

05 우리 애는 (야쿠르트 / 요구르트 / 요쿠르트)를 매우 좋아한다. 그래서 한꺼번에
    몇 십 개씩 사서 냉장고에 보관해 둔다.

06 일제 강점기에 동물성 단백질 확보와 생산성을 높인다는 목적으로 돼지가 버크
    셔, (오크셔 / 요오크셔 / 요크셔) 등 외래 품종과 교잡한 개량종으로 대체되면
    서, 생산성이 낮은 토종 돼지는 설 자리를 잃었다.

07 그들은 여름만 되면 돛으로 움직이는 (오트 / 요오트 / 요트)를 타고, 바다 위를 항해하는 멋에 시간 가는 줄 모른다.

08 티베트 사람에게 (아크 / 야아크 / 야크)는 그야말로 생명과도 같은 귀중한 자원이다. 과거 한국의 소가 한 집안의 생계를 꾸려가는 데 중요한 재산이었듯이 말이다.

09 조직의 리더는 여러 유형의 인물 중 (에스맨 / 예스맨 / 예스멘)을 측근으로 이용하는 것은 조심하여야 한다. 소신이 없는 인물의 기용은 조직의 쇠퇴를 가져오기 때문이다.

10 한 개인이 불참한 것을 가지고 (엘로페이퍼 / 옐로페이퍼 / 옐로페퍼)처럼 왜곡하는 것은 의아한 일이다. 말도 안 되는 억측을 왜 퍼뜨리는지 모르겠다.

11 그 분을 통해서 안 사실은 (오들 / 요들 / 요오들)이 가장 활성화되고 체계화된 지역으로 알프스 지역뿐만 아니라 미국, 일본 등도 있다는 것이다.

12 터벅터벅 걸으면서 여행을 하고 싶다. 때로는 (우스호스텔 / 유스호스텔 / 유우스호텔)에서 손짓과 발짓을 동원하여 대화를 나누기도 하고, 지구인(地球人) 친구들과 킬킬거리며 웃고 싶기도 하다.

13 그동안 가벼운 와플(waffle)만 만들어 먹다가, (이서터 / 이스트 / 이이스트)로 발효한 반죽을 이용하는 벨기에 와플을 만들어 먹었더니, 그런대로 새로운 맛이 있었다.

14 보료 깔린 장판방인데도 불구하고, 거기에 (아코디언 / 아코디연 / 애코디언)을 어깨에 멘, 거리의 음악가들이 들어온다.

15 그 학생은 이번에 수학 경시 대회 (참피언 / 챔피언 / 챔피연)이 되었다.

풀이

01 ▷ 야드(yard) : 야드파운드법(yard-pound法)에 의한 길이의 단위. 1야드(yard)는 1피트(feet)의 세 배로, 91.44센티미터(centimeter)에 해당한다.

02 ▷ 양키(Yankee) : 미국 사람을 낮잡아 이르는 말. 본디 뉴잉글랜드(New England) 원주민의 이름으로, 독립 전쟁 때에는 영국인이 미국인을, 남북 전쟁 때에는 남군(南軍)이 북군(北軍)을 조롱하여 이르던 말에서 유래한다.

03 ▷ 옐로카드(yellow card) : 운동 경기에서, 고의로 반칙을 하거나 비신사적인 행위를 한 선수에게, 주심이 경고의 표시로 보이는 노란색 쪽지.

04 ▷ 요가(yoga) : 고대 인도에서부터 전하여 오는 심신 단련법의 하나. 자세와 호흡을 가다듬는 훈련과 명상을 통하여, 초자연적인 능력을 개발하고 물질의 속박으로부터 자유로워지는 것을 목표로 한다. 오늘날에는 건강 증진, 미용 따위를 목적으로 한다.

05 ▷ 요구르트(yogurt) : 발효유의 하나. 우유나 양젖 따위를 살균하여, 반쯤 농축하고 유산균을 번식시켜 만든 영양 식품이다.

06 ▷ 요크셔(Yorkshire) : 돼지의 한 품종. 가슴통이 굵고 몸통이 길며, 털빛은 희다. 넓적다리의 살이 발달하였고 네 다리가 곧고 짧다. 요크셔종(Yorkshire種).

07 ▷ 요트(yacht) : 유람, 항해, 경주 따위에 쓰는, 속도가 빠른 서양식의 작은 배.

08 ▷ 야크(yak) : 솟과의 하나. 소와 비슷한데 어깨의 높이는 2미터 정도이며 몸 아랫면에 긴 털이 나 있다. 사역(使役)에 이용하고, 고기와 젖은 식용하고, 털은 직물로 쓰는데, 티베트(Tibet) 고원이나 북인도, 히말라야(Himalaya / Himalayas) 지방이 원산지이다.

09 ▷ 예스맨(yes-man) : 무조건 '예'라고만 하는 사람이라는 뜻으로, 윗사람의 명령

이나 의견에 무조건 따르기만 하고, 자기 의견이 없는 사람을 이르는 말.

10 ▷ 옐로페이퍼(yellow paper) : 저속하고 선정적인 기사를 다루는 신문. 황색신문 (黃色新聞).

11 ▷ 요들(yodel) : 알프스(Alps) 지방에서, 가성(假聲)을 섞어 특이한 소리를 내어 부르는 민요 또는 그런 창법.

12 ▷ 유스호스텔(youth hostel) : 청소년들이 건전한 여행 활동을 활발히 하도록 적극 장려하는 국제적 숙박 시설. 호스텔(hostel) 안에서는 셀프서비스(self-service), 금주(禁酒), 시간 엄수 따위의 규율을 지키고 관리자의 지도를 받아야 한다.

13 ▷ 이스트(yeast) : ① 효모균. ② 효모균을 넣어 가공한 제품. 흔히 빵을 부풀리기 위하여 쓴다.

14 ▷ 아코디언(accordion) : 악기의 하나. 주름상자를 늘이고 줄이면서 건반을 눌러 연주하며, 경음악에 쓴다.

15 ▷ 챔피언(champion) : ① 운동 종목 따위에서, 선수권을 보유하고 있는 사람. 예 헤비급 세계 챔피언. / 챔피언에 오르다. / 챔피언에 등극하다. ② 기술 따위에서, 실력이 가장 뛰어난 사람.

정답

01. 야드 02. 양키 03. 옐로카드 04. 요가 05. 요구르트 06. 요크셔 07. 요트 08. 야크 09. 예스맨 10. 옐로페이퍼 11. 요들 12. 유스호스텔 13. 이스트 14. 아코디언 15. 챔피언

제2장 영어의 표기

제10항 복합어

1. 따로 설 수 있는 말의 합성으로 이루어진 복합어는 그것을 구성하고 있는 말이 단독으로 쓰일 때의 표기대로 적는다.

예 cuplike[kʌ́plə̀ik] 컵라이크, bookend[búkènd] 북엔드

headlight[hédlə̀it] 헤드라이트, touchwood[tʌ́tʃwùd] 토치우드

sit—in[sítìn] 싯인, bookmaker[búkmèikər] 북메이커

flash gun[flǽʃɡʌn] 플래시건, topnot[tɑpnɑt] 톱놋

이십이 회
문제

● 다음 ( ) 안의 외래어 중 알맞은 것을 찾아 ○표 해 보자.

01 약혼식 후에는 (가던 파티 / 가든파티)가 있을 예정이오니, 많은 참석을 바랍니다.

02 그 아이는 (가스버너 / 개스버너)에 냄비를 올리고, 라면을 제법 잘 끓였다.

03 해외여행을 할 때마다 필요한 (가드북 / 가이드북)을 꼭 챙겨라. 그것은 미지의
    여행에 반드시 도움이 되기 때문이다.

04 그녀는 실내에서 (개더스커트 / 게더스커트)를 즐겨 입는다.

05 그녀는 잠자기 전에 꼭 (나이트가운 / 나이트까운 / 니잇가운)으로 갈아입고 잠
    자리에 든다.

06 오래간만에 만났는데 어디 (나이터클럽 / 나이트클럽 / 나잇클럽)이라도 가서,
    춤 한 번 추고 헤어지자.

07 가게마다 (내온사인 / 네온사인 / 네온싸인)을 밤새도록 켜놓는 바람에, 전기 소
    모가 많다는 지적을 하는 사람도 있다.

08 (덤퍼추럭 / 덤퍼트럭 / 덤프추럭 / 덤프터럭)들이 한편으로 여러 가지 짐을 실어 날랐고, 한편으로는 자갈들을 싣고 와 부리고 있었다.

09 철수는 초등학교 동창생 10명을 환영하기 위하여, 내일 자기 집에서 (디너파티 / 디너파아티 / 딘너파티)를 연다고 연락하였다.

10 어느 아이는 자기 아빠가 (디스커자키 / 디스크자키 / 디슬자키)라고 자랑한다. 친구들은 이 아이를 부러운 듯 바라본다.

11 (로얄박스 / 로얼박스 / 로열바악스 / 로열박스)에 앉은 내외 귀빈들은, 그가 이상한 사람이라는 것을 전혀 눈치 채지 않았다.

12 이 봉우리는 암벽들이 우뚝우뚝 솟아있을 뿐만 아니라 (로크크라이밍 / 록클라이밍)에 딱 알맞도록 험준하다.

13 아담한 신혼살림에는 고급 커피 잔 세트보다 예쁜 (머그 컵 / 먹컵)이 더 어울리겠다.

14 공군은 사고 현장에서 (블래크박스 / 블랙박스)를 수거해, 정확한 사고 원인을 조사 중이다.

15 거대한 (블래크홀 / 블랙홀)의 존재에 대해서는 일반 상대성 이론을 가지고 설명할 수 있으나, 작은 (블래크홀 / 블랙홀)에 대해서는 설명할 수가 없다.

16 방풍림(防風林)인 해송(海松)이 긴 띠처럼 드리워진 해변에는, 오늘따라 여러 해수욕객이 (비츠파라솔 / 비치파라솔) 아래에서 바닷바람을 쐬고 있었다.

17 우리 식당의 물은 (세르프서비스 / 셀프서비스 / 셀프써비스)이오니 양해를 바랍니다.

18 그녀가 긴 생머리에서 (쇼트커트 / 숏커트)로 머리 모양을 바꾸니까 다른 사람 같았다.

19 백화점 앞에는 손에 (쇼핑백 / 숍핑백)을 든 사람들이, 택시를 타려고 승강장에서 기다리고 있었다.

20 우리 회사 지하 주차장 옆에는 (쇼핑센터 / 숍핑센터)가 있어서, 물건을 사러 밖에 나갈 필요가 없다.

21 요즘 여성들은 핸드백보다 (소울더백 / 숄더백)을 더 많이 사용하는 경향이 있다.

22 그들은 찢어진 답안지를 (스카츠테이프 / 스카치테이프)로 붙여 선생님께 제출했다.

23 그는 못하는 운동이 없는 만능 (스포오츠맨 / 스포츠맨 / 스폿맨)이다.

24 우리 할아버지께서는 (오너더라이브 / 오너드라이버 / 온너드라이브)로서, 늘 옆자리에 할머니를 태우고 운전하신다.

25 모처럼 휴일을 맞이하여, 그 신혼부부는 (오푼카 / 오픈카)를 타고 시원한 바람을 맞으며 동해안 도로를 달렸다.

26 대학을 졸업하고, 곧 (오울드미스 / 올드미스) 소리를 들을 만큼 나이를 먹었지만, 나는 아직도 엄마의 젖꼭지에 매달린 젖먹이 신세였다.

27 오늘 밤 시 승격을 축하하는 경축 연회(宴會)에, 그녀는 (이부닝드레스 / 이브닝드레스)를 입고 참석할 예정이다.

28 (칵테일파티 / 칵텔파티)가 있는 날이면, 우리는 맛있는 음식을 나누고, 여러 사람과 웃고 떠들고 즐긴다.

29 밤에 잘 때는 반드시 (코올드크림 / 콜드크림)으로 얼굴과 손을 닦아 냈다.

30 세 시간의 야구 경기가 (타이스코아 / 타이스코어 / 타이어스코어)로 끝나자, 관람객 모두가 아쉬워했다.

31 그는 한때는 하루에 수십 통의 (팬레터 / 팬래트 / 펜레터)를 받던 인기 배우였다.

32 대통령 부인이 돌아가시자, 저 분이 오래도록 대내외적으로 (퍼스터레이디 / 퍼스트레디 / 퍼스트레이디) 역할을 하신 분입니다.

33 선수들이 승리에 집착한 나머지 (페어플레이 / 페어르플래이 / 페어플레이 / 페어르플레이) 정신을 저버린 반칙행위를 일삼아, 주위 사람들의 빈축을 샀다.

34 내일 미술 시간에는 포스터를 그릴 예정이오니, 한 사람도 빠짐없이 (포스터컬러 / 포오스터칼라)를 준비해 오기 바란다.

35 지금 막 들어온 (하트뉴스 / 핫뉴스 / 핱뉴스)를 보내 드리겠습니다.

풀이

01 ▷ 가든파티(garden party) : 옥외, 특히 넓은 정원에서 여는 의례적인 파티.

02 ▷ 가스버너(gas burner) : 가스를 연료로 하는 버너.

03 ▷ 가이드북(guide book) : 여행이나 관광 안내를 위한 책.

04 ▷ 개더스커트(gathered skirt) : 허리에 잔주름을 많이 잡아 풍성하게 만든 치마.

05 ▷ 나이트가운(night gown) : 길고 헐거운 잠옷. 주로 여성용이나 어린이용을 이른다.

06 ▷ 나이트클럽(night club) : 밤에 술을 마시고 춤을 추며 쇼를 보면서 즐길 수 있는 곳.

07 ▷ 네온사인(neon sign) : 유리를 필요한 대로 구부리고 전극(電極)을 삽입한 네온관(neon管)을 만들어서 여러 가지 빛을 내도록 하는 장치. 광고나 장식용으로 널리 쓴다.

08 ▷ 덤프트럭(dump truck) : 화물 자동차의 하나. 차에 실은 짐을 자동적으로 한꺼번에 부릴 수 있도록, 짐받이의 밑바닥을 떠받쳐 올리면서, 뒤쪽으로 기울어지게 장치한 것으로, 자갈, 모래, 석탄, 쓰레기 따위를 나르는 데 쓴다.

09 ▷ 디너파티(dinner party) : 손님을 초대하기 위하여, 저녁 식사를 겸하는 연회(宴會). 만찬회(晚餐會).

10 ▷ 디스크자키(disk jockey) : 라디오 프로그램이나 디스코텍 따위에서, 가벼운 이야깃거리와 함께 녹음한 음악을 들려주는 사람.

11 ▷ 로열박스(royal box) : 귀빈을 위하여 특별히 마련하여 놓은 자리. 귀빈석(貴賓席).

12 ▷ 록클라이밍(rock-climbing) : 등산에서, 여러 가지 장비를 이용하여 암벽을 오르는 일. 암벽등산.

13 ▷ 머그 컵(mug cup) : 원통형의 찻잔.

14 ▷ 블랙박스(black box) : 비행기 따위에 비치하는 비행 자료 자동 기록 장치. 사고
     가 났을 때 그 원인을 밝히는데 중요한 구실을 한다.

15 ▷ 블랙홀(black hole) : 초고밀도에 의하여 생기는 중력장(重力場)의 구멍. 항성이
     진화의 최종 단계에서 한없이 수축하여, 그 중심부의 밀도가 빛을 빨아들일 만큼
     매우 높아지면서 생겨난다.

16 ▷ 비치파라솔(beach parasol) : 주로 해수욕장 같은 데서, 햇빛을 가리기 위하여
     사용하는 큰 양산.

17 ▷ 셀프서비스(self-service) : 음식점, 슈퍼마켓(supermarket) 따위에서의 자급식
     (自給式) 판매 방법.

18 ▷ 쇼트커트(short cut) : 여성의 짧게 자른 머리 모양.

19 ▷ 쇼핑백(shopping bag) : 산 물건을 넣는 가방이나 망태기. 종이나 비닐(vinyl)
     따위로 만들며 대개 손잡이가 달려 있다.

20 ▷ 쇼핑센터(shopping center) : 한군데에서 여러 가지 물건을 살 수 있도록 상점
     들이 모여 있는 곳.

21 ▷ 숄더백(shoulder bag) : 어깨에 메는 가방.

22 ▷ 스카치테이프(Scotch tape) : 접착용 셀로판테이프(cellophane tape). 상품명
     에서 유래한다.

23 ▷ 스포츠맨(sports man) : 운동선수.

24 ▷ 오너드라이버(owner driver) : 자기 자동차를 자기가 운전하는 사람. 자가운전
     자(自家運轉者).

25 ▷ 오픈카(open car) : 덮개나 지붕이 없거나, 접었다 폈다 할 수 있는 차. 무개차
     (無蓋車).

26 ▷ 올드미스(old miss) : 혼인할 시기를 넘긴, 나이 많은 처녀.

27 ▷ 이브닝드레스(evening dress) : 여자의 야회복(夜會服).

28 ▷ 칵테일파티(cocktail party) : 칵테일(cocktail)을 주로 하여, 여러 가지 간단한

서양 음식을 차린 연회(宴會). 좌석을 따로 마련하지 않고 서서, 자유로이 여러 사람과 이야기를 나눈다.

29 ▷ 콜드크림(cold cream) : 얼굴을 마사지(massage)할 때에 사용하는, 기름기가 많은 크림(cream). 분(粉)이나 얼굴의 더러움을 닦아 내거나 마사지(massage)하는 데에 쓴다.

30 ▷ 타이스코어(tie score) : 점수가 같음. 또는 같은 점수.

31 ▷ 팬레터(fan letter) : 팬(fan)이 운동선수 또는 연예인 등의 인기인에게 보내는 편지.

32 ▷ 퍼스트레이디(first lady) : ① 영부인(令夫人). ② 각계에서 지도자의 지위에 있는 여성.

33 ▷ 페어플레이(fair play) : 정정당당한 승부.

34 ▷ 포스터컬러(poster color) : 포스터(poster)를 그리는 데에 쓰는 물감.

35 ▷ 핫뉴스(hot news) : 현장에서 막 보내온, 생생한 뉴스.

정답

01. 가든파티 02. 가스버너 03. 가이드북 04. 개더스커트 05. 나이트가운 06. 나이트클럽 07. 네온사인 08. 덤프트럭 09. 디너파티 10. 디스크자키 11. 로열박스 12. 록클라이밍 13. 머그 컵 14. 블랙박스 15. 블랙홀 16. 비치파라솔 17. 셀프서비스 18. 쇼트커트 19. 쇼핑백 20. 쇼핑센터 21. 숄더백 22. 스카치테이프 23. 스포츠맨 24. 오너드라이버 25. 오픈카 26. 올드미스 27. 이브닝드레스 28. 칵테일파티 29. 콜드크림 30. 타이스코어 31. 팬레터 32. 퍼스트레이디 33. 페어플레이 34. 포스터컬러 35. 핫뉴스

제2장 영어의 표기

제10항 복합어

2. 원어에서 띄어 쓴 말은 띄어 쓴 대로 한글 표기를 하되 붙여 쓸 수도 있다.

예 Los Alamos[lɔːsǽləmous] 로스 앨러모스 / 로스앨러모스

top class[tɑp klæs] 톱 클래스 / 톱클래스

이십삼 회
문제

● **다음 ( ) 안의 외래어 중 알맞은 것을 찾아 ○표 해 보자.**

01 초등학교에 다니는 여자 아이가 이번에 (걸 스카우트 / 걸스카우트)에 가입했다고 좋아하였다.

02 수비 팀 경기자가 (골 에어리어 / 골에어리어) 내 어느 지점에서나 공을 찰 수 있다. 단 공을 찰 때 상대 팀은 페널티 에어리어(penalty area) 밖에 위치해야 한다.

03 (뉴 미디어 / 뉴미디어)에는 문자 다중 방송, 쌍방향 케이블 텔레비전, 인터넷 따위가 있다.

04 전국 야구 대회에서, 우리 팀 선수가 마지막 회에 (더블 플레이 / 더블플레이)를 두 번이나 당하여, 결국 지고 말았다.

05 어느 야구 선수는 어깨에 (데드 볼/ 데드볼)을 두 번이나 맞아, 큰 부상을 입었다.

06 농구 경기에서 상대편 선수가 (롱 패스 / 롱패스)를 할 때마다 자기 팀 선수가 점수를 얻는다.

07 농구 시합을 하는데, 그 팀의 주장 선수가 골문 근처에서 멋지게 (롱 슛 / 롱슛)

을 하는 바람에, 그 팀이 1점 차로 아슬아슬하게 이겼다.

08 비행기에서 내리자마자, 우리는 공항 내에 있는 화물을 찾는 곳으로 가서, (벨트 컨베이어 / 벨트컨베이어) 위로 올라오는 짐을 찾았다.

09 영국을 포함한 유럽의 일광 절약 시간제인 (서머 타임 / 서머타임)이 오는 10월 26일을 기해 해제된다. 이에 따라 이 기간 동안에 8시간이었던, 우리나라와 영국의 시차는 9시간으로 늘어나게 된다.

10 비록 훈련 양은 부족했지만 (스타팅 멤버 / 스타팅멤버)들이 제 기량만 발휘한다면, 우리 팀이 우승할 수 있을 것으로 생각한다.

11 경기장 관중석에서는 (파울 볼 / 파울볼)을 서로 줍겠다고 야단법석이었다.

12 (파인 플레이 / 파인플레이)를 보이려고 욕심내지 않는다. 그것은 개인의 피나는 노력과 행운이 만날 때 비로소 이루어지는 것이지, 의도적으로 되는 것이 아니기 때문이다.

13 (피겨 스케이팅 / 피겨스케이팅)은 싱글, 페어, 아이스댄싱의 세 종목이 있다.

풀이

01 ▷ 걸스카우트 : 걸 스카우트(Girl Scouts). 소녀들의 수양과 사회봉사를 목적으로 하는 세계적인 단체.

02 ▷ 골에어리어 : 골 에어리어(goal area). 축구나 하키 따위에서, 수비를 유리하게 하거나 골키퍼(goal keeper)를 보호할 목적으로, 골 앞에 설정한 구역.

03 ▷ 뉴미디어 : 뉴 미디어(new media). 전자 공학 기술이나 통신 기술이 발달하면서 등장한 새로운 전달 매체. 이용자의 필요에 따라 정보를 쉽게 얻을 수 있게 하며, 사회의 정보화를 촉진시킨다.

04 ▷ 더블플레이 : 더블 플레이(double play). 야구에서, 두 사람의 주자를 한꺼번에 아웃(out) 시키는 일.

05 ▷ 데드볼 : 데드 볼(dead ball). 야구에서 투수가 던진 공이 타자의 몸에 닿는 일. 타자는 자동적으로 일루로 가게 된다.

06 ▷ 롱패스 : 롱 패스(long pass). 축구, 농구, 핸드볼(handball) 따위에서, 공을 멀리 차나 던져서 같은 편 선수에게 넘기는 일.

07 ▷ 롱슛 : 롱 슛(long shoot). 축구, 농구, 핸드볼(handball) 따위에서, 먼 거리에서 골(goal)이나 바스켓(basket)을 향하여 공을 차거나 던지는 일.

08 ▷ 벨트컨베이어 : 벨트 컨베이어(belt conveyer). 두 개의 바퀴에 벨트(belt)를 걸어 돌리면서, 그 위에 물건을 올려 연속적으로 운반하는 장치. 대량 생산의 일관 작업(一貫作業)에 쓴다.

09 ▷ 서머타임 : 서머 타임(summer time). 여름철에, 일조 시간(日照時間)을 유효하게 이용하기 위하여, 표준 시간을 한 시간쯤 앞당기는 제도. 일광 절약 시간.

10 ▷ 스타팅멤버 : 스타팅 멤버(starting member). 선수 교대를 할 수 있는 단체 경기

에서, 처음에 출전하는 선수.

11 ▷ 파울볼 : 파울 볼(foul ball). 야구에서, 타자가 친 공 가운데 파울 그라운드(foul ground)에 떨어진 공. 또는 파울 라인(foul line) 밖으로 나간 공.

12 ▷ 파인플레이 : 파인 플레이(fine play). 경기에서 선수가 보여 주는, 멋지고 훌륭한 기술.

13 ▷ 피겨스케이팅 : 피겨 스케이팅(figure skating). 스케이트(skate)를 타고 얼음판에서 여러 가지 동작을 하여, 기술의 정확성과 예술성을 겨루는 스케이트(skate) 종목.

정답

01. 둘 다 맞음. 02. 둘 다 맞음. 03. 둘 다 맞음. 04. 둘 다 맞음. 05. 둘 다 맞음. 06. 둘 다 맞음. 07. 둘 다 맞음. 08. 둘 다 맞음. 09. 둘 다 맞음. 10. 둘 다 맞음. 11. 둘 다 맞음. 12. 둘 다 맞음. 13. 둘 다 맞음.

외래어 표기법 정리 24

제3장 기타 표기 세칙

제1항 [ʃ]는 영어의 경우, 자음 앞에서는 '슈', 어말에서는 '시'로 적는다.

▷ 제10회(외래어 표기법 정리 10)에서 이미 설명한, 제3항 마찰음 2. 어말의 [ʃ]는 '시'로 적고, 자음 앞의 [ʃ]는 '슈'로, 모음 앞의 [ʃ]는 뒤따르는 모음에 따라 '샤', '섀', '셔', '셰', '쇼', '슈', '시'로 적는다는 규정이다.

▷ 여기서 영어의 'sh'가 단어의 첫머리에 오면 '슈', 맨 끝에 오면 '시'로 적는다고 생각하면 좋겠다.

▷ 영어의 sh가 단어의 첫머리에 온 경우

예 shooter, shoot, shooting 등의 'sh-' → 슈터의 '슈', 슈트의 '슈', 슈팅의 '슈',

▷ 영어의 sh가 단어의 맨 끝에 온 경우

예 dash, rush, varnish 등의 '-sh' → 대시의 '시', 러시의 '시', 바니시의 '시'.

● **다음 ( ) 안의 외래어 중 알맞은 것을 찾아 ○표 해 보자.**

01 프로 2년차 농구선수인 그녀는, 대회 때마다 폭발적인 득점으로 신세대 (수터 / 슈터)로 떠오르고 있다.

02 어느 팀의 4번 타자는 투수의 (수트 / 슈트)에 주눅이 들었는지, 한 번도 방망이를 휘두르지 못하고 있다가, 또 다시 삼진을 당했다.

03 그는 뛰어난 판단력과 날카로운 (수팅 / 슈팅)으로, 수비수의 표적이 되었다.

04 (대쉬 / 대시)하는 남자 연예인이 한 명도 없어요. 그녀는 연예인이라면 통과의 례처럼 한 번쯤 거쳐 가는, 열애설이나 스캔들이 없는 배우로 유명하다.

05 주변의 온정이 불우한 이웃을 돌아보게 되는 계절에, 수익(收益) 기부 상품이 봇물 터지듯(러쉬 / 러시), 눈길을 끌고 있다.

06 어느 회사가 고객 포인트(point) 누적 점수가 2500점 이상인 고객들을 우량 고객으로 선정하고, 이들에게 (멤버쉽 / 멤버십) 카드를 발급하여 갖가지 혜택을 제공하였다.

07 주방 싱크대(sink臺)는 밀크(milk) 페인트(paint)를 연하게 두 번 바른 뒤, (바니쉬 / 바니시)를 한 번 더 발라 마무리하면 된다.

08 연구의 목적은 남자 탁구선수들 중 국가 대표 선수와 대학 선수들의 드라이브와 (스매쉬 / 스매시) 동작을 3차원적으로 비교·분석하여, 운동학적 변화와 원인들을 구체적으로 규명하는 데 있다.

09 (푸쉬 / 푸시) 샷 결과는 볼이 목표의 오른쪽으로 빗나가게 되므로, 슬라이스(slice)를 할 때와 매우 비슷하다. 하지만 그 원인은 판이하게 다르다.

10 밤에 외출하려면 (플래쉬 / 플래시 / 후라쉬)가 필요하다.

11 그녀는 그 대형 백화점의 통로에 있는 의자에 앉아, 요람(搖籃)과 (플러쉬 / 플러시) 천으로 만든 인형을 가방에서 꺼내놓았다. 아이에게 주려고, 뉴욕에서 챙겨 가지고 온 인형이었다.

풀이

01 ▷ 슈터(shooter) : 농구 따위에서, 골(goal)을 향하여 슛(shoot)하는 사람. 또는 슛 (shoot)의 성공률이 높은 사람.

02 ▷ 슈트(shoot) : 야구에서, 투수가 던진 공이 타자 앞에 와서, 떠오르거나 휘거나 떨어지는 변화구.

03 ▷ 슈팅(shooting) : 구기(球技)에서, 득점을 목적으로 골(goal)이나 바스켓(basket)을 향하여, 공을 차거나 던져 넣는 일. 슛(shoot)

04 ▷ 대시하다(dash~) : 일을 저돌적으로 추진하다.

05 ▷ 러시(rush) : 한꺼번에 몰려들거나, 세찬 기세로 거침없이 곧잘 나아감.

06 ▷ 멤버십(membership) : 단체의 한 구성원. 또는 구성원으로서의 자격이나 지위.

07 ▷ 바니시(varnish) : 광택이 있는 투명한 피막(皮膜)을 형성하는 도료. 천연수지나 합성수지를 용매(溶媒)에 녹여 만든다. 가구나 선박, 차, 나무 따위에 바르면 용매(溶媒)가 휘발되면서, 표면에 막이 생겨 광택을 내며, 습기를 방지한다. '니스' 와 같은 뜻.

08 ▷ 스매시(smash) : 테니스(tennis) · 탁구 · 배구 따위에서, 공을 네트(net) 너머로 세게 내려치는 일. 스매싱(smashing).

09 ▷ 푸시(push) : ① 당구에서, 공이 표적물에 맞을 때까지 큐(cue)를 공에서 떼지 아니 하고 밀 때에 범하는 반칙. ② 골프(golf)에서, 목표한 것보다 오른쪽으로 공이 날아가는 미스 샷(miss shot)을 말한다.

10 ▷ 플래시(flash) : ① 섬광(閃光). ② 손전등. 예 플래시를 비추다(켜다). ③ 사진용 섬광 전구. 예 플래시를 터뜨리다. ④ 주시(注視). 주목(注目). 예 플래시를 받다.

11 ▷ 플러시(plush) : 벨벳(velvet)과 비슷하나 길고 보드라운 보풀이 있는 비단 또는

무명 옷감.

외래어 표기법 정리 25

제3장 기타 표기 세칙

제2항 영어의 어말에 '-tion'은 '션', '-sion'은 '젼', '-ton'은 '턴'으로 적는다. 단 '-ton'은 예외가 있다.

▷ 영어의 어말에 '-tion'이 온 경우

예 recreation, lotion, location 등의 '-tion' → 레크리에이션의 '션', 로션의 '션', 로케이션의 '션'

▷ 영어의 어말에 '-sion'이 온 경우

예 vision 등의 '-sion' → 비전의 '젼'

▷ 영어의 어말에 '-ton'이 온 경우

예 Newton, Huston, badminton, baton 등의 '-ton' → 뉴턴의 '턴', 휴스턴의 '턴' 배드민턴의 '턴', 배턴의 '턴'

(예외) button 버턴(×) → 버튼(○)

piston 피스턴(×) → 피스톤(○)

plankton 플랑크턴(×) → 플랑크톤(○)

cotton 카턴(×) → 카튼(○)

Eton 이턴(×) → 이튼(○) 등이 그것이다. 이들은 모두 관용적 표기이기 때문이다.

이십오 회

문제

● **다음 ( ) 안의 외래어 중 알맞은 것을 찾아 ○표 해 보자.**

01 그들은 본래 업무와 (레크리에이션 / 레크리에이션)을 병행하기가 쉽지 않아, 여러 차례 포기할 생각도 하였다. 하지만 활짝 웃을 동료들의 모습을 떠올리면서, 그것에 대한 열정을 멈추지 않았다.

02 겨울에는 손이 트는 것을 막기 위하여 (로선 / 로션)을 자주 바른다.

03 이 영화는 작년 가을부터 (로케이션 / 로케이션)에 들어가, 촬영 기간만 10개월이 넘었다.

04 또 한 번 조는 걸 발견하면, 너희들은 (로테이션 / 로테이션) 없이 여덟 시간 경계 근무를 하게 될 테니, 그렇게 알아라.

05 요즘에는 자동차 실제 면허 시험장처럼 만들어진 실내에서, (시뮬레이션 / 시뮬레이션)으로 운전 연습을 할 수도 있다

06 일정한 시간에 계속 방송되면서 매번 새로운 소재를 다루나, 무대와 등장인물은 고정적인 방송극(放送劇)을 우리는 (시추에이션 / 시추에이션) 드라마라고 한다.

07 그 친구는 (오디선 / 오디션)에 합격하자마자, 음반을 하나 내더니 가수가 되었다.

08 신입생 (오리엔테이션 / 오리엔테이션)에서는 학교나 학업 과정에 대한 여러 가지 정보가 주어진다.

09 동화책에 군데군데 삽입되어 있는 (일러스트레이션 / 일러스트레이션)은, 아이들이 이야기의 내용을 쉽게 이해하는 데 중요한 역할을 한다.

10 현대 사회에서는 정보의 홍수 속에 있으나, 가족 사이에 (커뮤니케이션 / 커뮤니케이션) 결핍 현상이 문제가 되고 있다.

11 수술 후 아직 부족한 철수의 (컨디선 / 컨디션)으로, 그 일을 추진하기에는 아무래도 벅찰 것 같다.

12 방송계에서 그녀는 (코디네이션 / 코디네이션)을 잘하는, 세련된 여자로 알려져 있다.

13 각 손의 엄지를 제외한 손가락 끝으로, 손바닥에 남아 있는 (파운데이션 / 파운데이션)을 끌어 올리듯 모은 다음, 손가락 끝을 이용해 얼굴 전체적으로 펴 발라 준다.

14 크기가 중요해진 계기는 단순하다. TV의 도전 때문이었다. 처음에는 화면을 키우는 것이었다. 시네마스코프(Cinema Scope), (비스타 비전 / 비스타 비전), 시네라마(Cinerama) 같은 와이드 스크린(wide screen)이 초기의 전략이었다.

15 (녹토비전 / 녹토비전)은 먼 거리의 풍경이나 지형 등의 피사체를 명료하게 촬영할 수 있는 적외선의 성질을 이용하여, 피사체를 브라운관(Braun管)으로 볼 수 있게 만든 텔레비전(television) 시스템(system)이다.

16 (뉴턴 / 뉴튼)은 운동의 법칙, 만유인력의 법칙, 냉각 법칙 따위를 발견하여, 명성을 떨쳤다.

17 가스(gas) 값이 하늘 높은 줄 모르고 치솟는 가운데, (휴스턴 / 휴스톤) 시내 곳곳에서 오랫동안 방치됐던 유정(油井)에서, 기름을 뽑아 올리는 작업이 활발하게 전개되고 있었다.

18 가까운 체육공원이나 동네에서 (배드민턴 / 배드민튼)을 즐기는 사람들을 흔히 볼 수 있다. 그만큼 우리에게 그것은 친숙한 운동이고, 남녀노소가 쉽게 배우고 즐길 수 있다.

19 그녀는 미국의 명문 대학인 (프린스턴 / 프린스톤) 대학과 하버드 대학 로스쿨을 졸업하고 변호사가 되면서, 세련된 도시 여성으로 성장했다.

20 마지막 주자가 (배턴 / 배튼)을 떨어뜨리는 바람에, 1위로 달리던 팀이 5위에 머물렀다.

풀이

01 ▷ 레크리에이션(recreation) : 피로를 풀고 새로운 힘을 얻기 위하여, 함께 모여 놀 거나 운동 따위를 즐기는 일.

02 ▷ 로션(lotion) : 피부에 수분을 주어 피부 표면을 다듬는 화장수. 알코올(alcohol) 성분이 많다.

03 ▷ 로케이션(location) : 현지 촬영.

04 ▷ 로테이션(rotation) : 사람을 일정한 순서에 따라 교대하는 일.

05 ▷ 시뮬레이션(simulation) : 복잡한 문제나 사회 현상 따위를 해석하고 해결하기 위하여, 실제와 비슷한 모형을 만들어 모의적으로 실험하고 그 특성을 파악하는 일. 실제로 모형을 만들어 하는 물리적 시뮬레이션(simulation)과 수학적 모델 (model)을 컴퓨터(computer)상에서 다루는 논리적 시뮬레이션(simulation) 따위가 있다.

06 ▷ 시추에이션(situation) : 소설이나 연극, 영화 따위에서 주위 상황과 관련시켜 생 각할 때의 관계나 위치.

07 ▷ 오디션(audition) : 가수, 텔런트(talent), 배우 따위의 연예인을 뽑기 위한 실기 시험.

08 ▷ 오리엔테이션(orientation) : 신입 사원이나 신입생 등 새로운 환경에 놓인 사람 들에 대한 환경 적응을 위한 교육.

09 ▷ 일러스트레이션(illustration) : 어떤 의미나 내용을 시각적으로 전달하기 위하 여 사용되는 삽화, 사진, 도안 따위를 통틀어 이르는 말.

10 ▷ 커뮤니케이션(communication) : 사람들끼리 서로 생각, 느낌 따위의 정보를 주 고받는 일. 말이나 글, 그 밖의 소리, 표정, 몸짓 따위로 이루어진다.

11 ▷ 컨디션(condition) : 몸의 건강이나 기분 따위의 상태.

12 ▷ 코디네이션(coordination) : 의상, 화장, 액세서리(accessory), 구두 따위를 전체적으로 조화롭게 갖추어 꾸미는 일.

13 ▷ 파운데이션(foundation) : 화장품의 하나. 가루분(~粉)을 기름에 섞어 액체 또는 고체 형태로 만든 것.

14 ▷ 비스타비전(Vista Vision) : 미국의 영화사 파라마운트(Paramount)에서 1954년경에 완성한 대형 화면 방식의 영화. 화면의 가로 대 세로의 비율이 1 : 1.85로, 종래의 1 : 1.35에 비해 옆으로 길쭉하다.

15 ▷ 녹토비전(noctovision) : 어둠이나 안개 따위로 눈에 잘 보이지 않는 상(像)을 수상관(受像管)에 나타나도록 적외선을 이용하여 만든 텔레비전(television). 공업용, 의학용, 감시용 따위로 쓴다.

16 ▷ 뉴턴(Newton) : 영국의 물리학자, 천문학자, 수학자.

17 ▷ 휴스턴(Huston) : 미국 텍사스(Texas) 주의 가장 큰 도시이며, 미국 전체로는 네 번째 많은 인구가 사는 도시이다. 면적은 1,600km^2이며 해리스(Harris) 군의 군청 소재지이다.

18 ▷ 배드민턴(badminton) : 네트(net)를 사이에 두고 라켓(racket)으로 셔틀콕(shuttlecock)을 서로 치고 받는 구기 경기. 네트(net)의 높이는 1.5미터(meter)이며, 단식과 복식 및 혼합 복식이 있다.

19 ▷ 프린스턴(Princeton) : 미국 뉴저지(New Jersey) 주 가운데에 있는 도시. 프린스턴 대학을 비롯하여 다섯 개 대학이 있는 대학 도시이며, 교육의 중심지이고 인쇄 출판업이 활발하다.

20 ▷ 배턴(baton) : 릴레이(relay) 경기에서, 앞 주자가 다음 주자에게 넘겨주는 막대기.

01. 레크리에이션 02. 로션 03. 로케이션 04. 로테이션 05. 시뮬레이션 06. 시추에이션 07. 오디션 08. 오리엔테이션 09. 일러스트레이션 10. 커뮤니케이션 11. 컨디션 12. 코디네이션 13. 파운데이션 14. 비스타비전 15. 녹토비전 16. 뉴턴 17. 휴스턴 18. 배드민턴 19. 프린스턴 20. 배턴

둘째 가름

외래어 표기법을 익혔다면 다양한 문제를 풀어 보자!

일 회
문제

● **다음 ( ) 안의 외래어 중 알맞은 것을 찾아 ○표 해 보자.**

01 동생은 1년 만에 일본어를 (마스터했다. / 마스트했다.)

02 그는 차를 몰고 도시 한복판 네거리에서 (코나 / 코너)를 돌다가, 교통사고가 났다.

03 당(黨)의 대통령 후보가 되니, 막강한 (파우어 / 파워)를 가질 수밖에 없다.

04 산길을 오르면서부터 모두가 (오바 / 오버)를 벗어, 어깨에 걸치고 걸었다.

05 그는 세계의 (패션 / 패숀)을 주도하는 디자이너(designer)이다.

06 금년에도 내 집 이 층 (발코니 / 밸코니)에서, 창경원 벚꽃과 꽃 밑에 모여든 구
    경꾼들을 바라보며 서 있었다.

07 그 영화는 아주 (에러틱한 / 에로틱한) 장면이 많이 나온다.

08 나는 부대(部隊) 고참에게 외출 턱으로 줄, 담배와 약간의 (카라멜 / 캐러멜)을
    준비하고 정확한 시간에 귀대했다.

09 (간디 / 칸디)는 1915년에 귀국하여 불복종, 무저항, 비폭력, 비협력주의에 의한

독립 운동을 지도하였다.

10 (고호 / 고흐)는 '감자를 먹는 사람', '해바라기', '자화상' 등의 작품을 남겼다.

11 그 친구는 엊그제 일본 (규수 / 규슈) 지방을 여행하고 귀국했다.

12 (그리스 / 그리이스)는 고대 유적지뿐만 아니라, 신약 성서에 등장하는 성지들로 인해 연간 1300만 명의 관광객들이 다녀간다고 한다.

13 수업시간에 (검 / 꺼엄 / 껌)을 질겅질겅 씹다가 선생님께 들켰다.

14 배우가 진지하게 역할에 몰입하는 것과, 관객이 배우의 연기에 감정이입하는 것은, 어느 정도 (나르시시즘 / 나르시지즘)에 빠지는 것이라고 생각한다.

15 (나포레온 / 나포레옹 / 나폴레옹)은 한때 대륙 봉쇄령을 내려, 대륙의 국가들이 영국과 통상하는 것을 금지시켰다.

16 중소도시와 그 주변 농촌 지역이 (네트워크 / 넷트워크)를 형성해야 하며, 이를 강화하려면 교통 시설부터 체계적으로 확충해야 한다.

17 자세한 소식은 저녁 9시 (뉴스 / 뉴우스)에서 전해 드리겠습니다.

18 (뉴지랜드 / 뉴질랜드)는 양모(羊毛), 유제품(乳製品) 따위를 수출하여 사회 복지 제도가 잘 발달되어있고, 주민은 소수의 마오리 족 외에 대부분 영국계 백인이다.

19 1866년 스웨덴의 노벨이 (다이나마이트 / 다이너마이트)를 발명하였다.

20 어머니는 음악 방송에 맞추어 (다이알 / 다이얼)을 돌렸다.

21 (대스크 / 데스크)에서 기사 작성을 지시하였지만, 그 날은 기사를 쓸 신명이 나지 않았다.

22 (도꾜 / 도쿄)는 일본의 정치, 문화, 경제, 공업, 교통의 중심지이며, 일본의 수도(首都)이다.

23 임자가 있는 여편네가 (드로어스 / 드로어즈 /드로저)가 훤히 비치는 속옷 바람으로, 문 밖에 나온다는 것부터가 돼먹지 않았다.

24 우리 농구 팀이 현란한 (드리볼 / 드리블)로 상대편 수비수를 멋지게 따돌리는 장면이 인상적이었다.

25 (디이젤 / 디젤)은 1897년에 내연기관(內燃機關)을 연구하여 중유(重油)를 연료로 사용하는 (디이젤 / 디젤) 기관을 발명하였다.

26 그 장소는 간혹 필요에 따라, 사기범 일당이 (아지터 / 아지트)로 활용한 곳이다.

27 그의 방은 공부를 하거나 친구들을 맞이하기 좋도록 (아카대믹하면서도 / 아카데믹하면서도 / 아카데믹하면서도) 사교적인 분위기로 꾸며져 있었다.

28 그는 시간만 나면 서울 근교의 산은 물론, 전국의 유명한 산을 두루 오르는 (아르피니스트 / 알피니스트)이다.

29 (앙가주망 / 앙가쥬망)의 기본적 전제는, 아직도 실현되지 아니한 어떤 이상적 세계상이다.

30 이 작품은 보는 이의 (앤글 / 앵글)에 따라 평가가 크게 달라진다.

31 이번 여론 조성에 방송 (앤커 / 앵커)의 활약이 컸다.

32 철수는 욕심이 많은 (애고이스트 / 에고스트 / 에고이스트)이기 때문에, 자기 꿈을 묻어버리고 싶지도 않다고 친구에게 말해 주었다.

33 경쟁 사회 속에 팽배한 (애고 / 에고)는 이웃의 고통을 모른 체하는 메마른 풍토만 조성한다.

34 막상 연대장실(聯隊長室)로 들어갔을 때, 정 대위는 바닥에 칠한 (애나멜 / 에나멜)의 붉은 색깔에 정신이 현란했다.

35 그의 소설에 있어 매력 있는 모든 것은, 이미 이 짧은 (에세이 / 에쎄이 / 엣세이)들 가운데 움트고 있다.

36 여자가 처음으로 시간 약속을 했을 때에는, 여자가 약속 시간보다 늦게 나온다는 것은 일종의 (애티켓 / 에티켓 / 엣티켓)이다.

37 이 연극의 (에피로그 / 에필로그 / 에필로오그)는 우리들에게 잔잔한 감동을 주기에 충분하였다. 인간은 서로 도와가면서 살아야 하기 때문이다.

38 소란하던 주위가 조용해진 것으로 보아, 기체(機體)는 이미 (앤진 / 엔진)을 꺼버린 모양이었다.

39 회사에 입사한지 몇 년 되지 않은 친구가, 벌써 (에리트 / 엘리트) 코스를 밟고 있었다.

풀이

01 ▷ 마스터하다(master~) : 어떤 기술이나 내용을 배워서 충분히 익히다. 예 그 기술을 마스터하는 데는 10년이 넘게 걸린다. / 병사 개개인이 자기 무기들을 완전하게 마스터한 것 같다.

02 ▷ 코너(corner) : ① 일정한 공간의 구석이나 길의 모서리. 예 청 코너 / 홍 코너. ② 백화점 따위의 큰 상가에서 특정한 상품을 진열하고 팔기 위한 곳. 예 아동복 코너 / 상설 할인 코너. ③ 어떤 일이나 상황이 헤쳐 나가기 어렵고 곤란하게 된 상태를 비유적으로 이르는 말. 예 그의 회사는 지금 자금난으로 코너에 몰려 있다.

03 ▷ 파워(power) : ① 남을 복종시키거나 지배할 수 있는 공인된 권리와 힘. ② 사람이나 동물이 몸에 갖추고 있으면서, 스스로 움직이거나 다른 물건을 움직이게 하는 근육 작용. 예 파워가 세다. / 파워가 부족하다.

04 ▷ 오버(over) : ① 외투. 예 오버를 입다. / 오버를 걸치다. ② 무선 통신 따위에서 한쪽 대화의 끝을 알릴 때 하는 말. 예 "여기는 비둘기, 맹호 나오라. 오버." "맹호 나왔다. 오버."

05 ▷ 패션(fashion) : 특정한 시기에 유행하는 복식이나 두발의 일정한 형식. 예 패션 감각이 뛰어나다. / 신세대들은 패션에 민감하다.

06 ▷ 발코니(balcony) : ① 서양식 건축에서, 옥외로 달아낸, 지붕이 없고 난간이 있는 대(臺). 예 발코니 저 아래로 아파트(apartment) 뜰이 내려다보였다. ② 극장의 이 층 좌우에 낸 특별석.

07 ▷ 에로틱하다(erotic~) : 성적인 욕망이나 감정을 자극하는 데가 있다. 예 그 여자의 어디에선가 에로틱한 분위기가 느껴진다.

08 ▷ 캐러멜(caramel) : 물엿, 설탕, 우유, 초콜릿(chocolate) 따위에 바닐라(vanilla)

따위의 향료를 넣고 고아서 굳힌 과자. 작은 네모꼴로 잘라 한 개씩 포장한다.

09 ▷ 간디(Gandhi) : (1869~1948) 인도의 정치가. 민족 운동 지도자.

10 ▷ 고흐(Gogh) : (1853~1890) 네덜란드(Netherlands)의 화가. 인상파의 영향을 받아 강렬한 색채와 격정적인 필치로 독특한 화풍을 확립하여, 20세기 야수파에 큰 영향을 주었다. 만년에 정신이상으로 자살하였다.

11 ▷ 규슈(Kyusyu) : 일본 열도를 이루는 4대 섬 가운데 가장 남쪽에 있는 섬. 또는 그 섬을 중심으로 하는 지방. 북부는 광공업, 남부는 농수산업이 활발하다.

12 ▷ 그리스(Greece) : 유럽 남동부 발칸 반도(Balkan半島)의 남쪽 끝에 위치한 공화국. 1829년 오스만 제국(Ottoman帝國)에서 독립하여 왕국이 되었으며, 1973년에 공화국이 되었다.

13 ▷ 껌(gum) : 고무에 설탕과 박하 따위의 향료를 섞어서 만든 과자. 입에 넣고 오래 씹으면서 단물을 빼어 먹는다.

14 ▷ 나르시시즘(narcissism) : 자기 자신을 사랑하는 일. 또는 자기 자신이 훌륭하다고 여기는 일. 그리스(Greece) 신화의, 얼굴이 예쁜 소년 나르키소스(Narcissus)에서 유래한 말이다.

15 ▷ 나폴레옹(Napoleon) : 프랑스(France)의 황제(1769~1821) .

16 ▷ 네트워크(network) : 라디오(radio)와 텔레비전(television)의 방송에서, 각 방송국을 연결하여 동시에 같은 프로그램(program)을 방송하는 체제.

17 ▷ 뉴스(news) : 새로운 소식을 전하여 주는 방송의 프로그램(program).

18 ▷ 뉴질랜드(New Zealand) : 오스트레일리아(Australia) 대륙의 남동쪽에 있는 섬나라. 입헌군주국으로, 1907년에 영국의 자치령이 되었다가 1947년에 독립하였다.

19 ▷ 다이너마이트(dynamite) : 니트로글리세린(nitroglycerine)을 규조토, 목탄, 면화약(綿火藥) 따위에 흡수시켜 만든 폭발약.

20 ▷ 다이얼(dial) : 라디오(radio)의 주파수를 맞추는 회전식 손잡이.

21 ▷ 데스크(desk) : 신문사나 방송국의 편집부에서 기사의 취재와 편집을 지휘하는

직위. 또는 그런 사람.

22 ▷ 도쿄(Tokyo) : 일본 간토(關東) 지방의 남부, 도쿄 만(Tokyo 灣)에 연하여 있는 도시.

23 ▷ 드로어즈(drawers) : 무릎길이의 여자용 속바지.

24 ▷ 드리블 (dribble) : 축구, 럭비풋볼(rugby football), 농구, 수구(水球), 아이스하 키(ice hockey)따위에서 발, 손, 채 따위를 이용하여 공을 몰아가는 일.

25 ▷ 디젤(Diesel Rudolf) : (1858~1913) 독일의 기계 기술자.

26 ▷ 아지트(러. agitpunkt) : ① 활동의 본거지로 삼은 곳. ② 비합법 운동가나 조직 적 범죄자의 은신처.

27 ▷ 아카데믹하다(academic~) : 학구적이다. 학문적이다.

28 ▷ 알피니스트(alpinist) : 등산을 잘하거나 즐기는 사람. 등산가(登山家).

29 ▷ 앙가주망(프. engagement) : 사회 참여.

30 ▷ 앵글(angle) : 사물을 보는 관찰.

31 ▷ 앵커(anchor) : 방송에서, 해설과 논평을 곁들여 종합 뉴스(news)를 진행하는 사람.

32 ▷ 에고이스트(egoist) : 자기 자신 만의 이익만을 꾀하고, 사회 일반의 이익은 염두 에 두지 않으려는 생각을 가진 사람. 이기주의자.

33 ▷ 에고(ego) : 자기 자신 만의 이익만을 꾀하고, 사회 일반의 이익은 염두에 두지 않으려는 태도.

34 ▷ 에나멜(enamel) : 안료(顔料)를 포함한 도료(塗料)를 통틀어 이르는 말. 좁은 뜻 으로는 유성 페인트(油性paint)에 상대하여 에나멜 페인트(enamel paint)를 이 른다. 광택이 있고 목공품이나 피혁 제품을 비롯하여 기계, 차량 따위의 외부 도 장(塗裝)에 쓴다.

35 ▷ 에세이(essay) : 일정한 형식을 따르지 아니하고, 인생이나 자연 또ㆍ12는 일 상생활에서의 느낌이나 체험을 생각나는 대로 쓴, 산문 형식의 글. 보통 경수필 과 중수필로 나누는데, 작가의 개성이나 인간성이 두드러지게 나타나며, 유머

(humor), 위트(wit), 기지(機智)가 들어 있다.

36 ▷ 에티켓(프. etiquette) : 사교상의 마음가짐이나 몸가짐.

37 ▷ 에필로그(epilogue) : 시가(詩歌), 소설, 연극 따위의 끝나는 부분.

38 ▷ 엔진(engine) : 열에너지(熱energy), 전기 에너지(電氣 energy), 수력 에너지 (水力 energy) 따위를 기계적인 힘으로 바꾸는 장치. 주로 열에너지(熱energy) 를 이용하는 열기관을 이른다.

39 ▷ 엘리트(프. elite) : 사회에서 뛰어난 능력이 있다고 인정한 사람. 또는 지도적 위 치에 있는 사람.

정답

01. 마스터했다. 02. 코너 03. 파워 04. 오버 05. 패션 06. 발코니 07. 에로틱한 08. 캐러멜 09. 간디 10. 고흐 11. 규슈 12. 그리스 13. 껌 14. 나르시시즘 15. 나폴레옹 16. 네트워크 17. 뉴스 18. 뉴질랜드 19. 다이너마이트 20. 다이얼 21. 데스크 22. 도쿄 23. 드로어즈 24. 드리블 25. 디 젤 26. 아지트 27. 아카데믹하면서도 28. 알피니스트 29. 앙가주망 30. 앵글 31. 앵커 32. 에고이 스트 33. 에고 34. 에나멜 35. 에세이 36. 에티켓 37. 에필로그 38. 엔진 39. 엘리트

이 회
문제

● 다음 (　) 안의 외래어 중 알맞은 것을 찾아 ○표 해 보자.

01 누나는 (소파 / 소퍼 / 쇼파)에 앉아서 소설책을 읽네요.

02 허리띠에 비하여 (바클 / 버클)이 너무 크다.

03 연주가 끝난 뒤, 그 피아니스트는 일곱 차례나 (커텐콜 / 커튼콜)을 받았다.

04 운동할 때는 (러닝셔츠 / 런닝셔츠)를 입어야, 땀이 잘 흡수된다.

05 그들은 (토츠카 / 토치카)를 만들어 놓고, 기관포를 걸어 놓아 잡초(雜草)로 위장
하였다.

06 비가 와서 외출을 할 수 없게 되자, 친구가 대여점에서 (비데오 / 비디오) 한 편
을 빌려왔다.

07 우리들은 승강기를 타고 (타우어 / 타워)의 꼭대기에 있는 전망대에 올라갔다.

08 매주 한 번씩 (라디오 / 라디요) 방송에서, 성우들이 각기 배역을 맡아 연극을
한다.

09 우리나라 어느 배우는 (라스베이가스 / 라스베이거스)에서 도박을 하다가, 가산을 탕진하고 말았다.

10 그들은 칡넝쿨이 커튼(curtain)처럼 둘러쳐진 숲 그늘에서 한밤중의 (랑데부 / 랑데뷰)를 가졌다.

11 철수를 뒤따라 온 군인 한 명이 (램프 / 렘프)에 불을 붙인 뒤, 창문마다 두꺼운 천을 쳤다.

12 이 절대적인 내 방은 대문간에서 세어서 꼭 일곱째 칸이다. (러키세븐 / 럭키세븐)의 뜻이 없지는 않다. 나는 이 일곱이라는 숫자를 훈장처럼 사용하였다.

13 요즘 병원마다 내시경의 끝에 (레이저 / 레이져) 광선을 쏘는 장치가 붙어 있는, 의료용기기를 많이 사용한다.

14 경기 중에는 (래퍼리 / 레퍼리 / 레펄리)의 판정에 복종해야 한다. 그렇게 하지 않으면 선수가 퇴장 당한다.

15 내가 평소에 잘 아는 안경점에 가서 (렌스 / 렌즈)를 깔아 끼웠다.

16 섬에서 자란 그는 자연스럽게 (로보스타 / 로보스터 / 로브스터)를 잡는 뱃사람이 되었다.

17 그는 (로스앤제레스 / 로스앤젤레스)에 사는 교포를 만나, 미국 여행을 하는 데 큰 도움을 받았다.

18 1945년 8월, 일본에 투하한 원자폭탄은 (로스애러모스 / 로스앨러모스)에서 만든 것이 아닌가 모르겠다.

19 철수는 나에게 끌려오면서도 (로크 앤드 롤 / 록 앤드 롤)에 맞추어 스텝(step)을 밟았다.

20 (루스벨트 / 루즈벨트) 대통령은 러일 전쟁 강화의 알선 및 모로코(Morocco) 문제의 해결 따위의 적극적인 대외 정책을 전개하여, 1906년에 노벨 평화상을 받았다.

21 할머니는 몇 년째 관절 (루머티즘 / 류머티즘)으로 고생하고 있어 옆에, 있는 사람들을 안타깝게 했다.

22 요즘 사건 담당 기자는 현지에서 직접 취재한 기사를 (르뽀 / 르포) 작성하느라고, 눈코 뜰 새 없다.

23 브라질 재해 당국은, 최대 풍속 129km의 폭풍이 (리오그란데 / 리우그란데)를 강타해 4천여 가구가 해를 입었으며, 피해 규모가 계속 늘어나고 있다고 밝혔다.

24 그 선수는 긴 (리치 / 린치)로 상대편을 견제하는 특기가 있다.

25 권투 선수들은 시합이 끝날 때까지 (리잉 / 링)에서 싸워야 한다.

26 새들의 움직임이 너무 빨라 (앵글 / 엥글)에서 자꾸 벗어난다.

27 최근에 (오번 / 오븐)을 장만하신 어머니는, 요리 재미에 푹 빠지셨다.

28 이번에 열릴 여자 골프(golf) 대회는, 아마추어(amateur)도 참가할 수 있는 (오픈 게임 / 오픈 께임)이라고 한다.

29 자네 음이 조금 높아. 한 (옥타부 / 옥타브 / 옷타브)가 낮은 음으로 부르는 것이 좋겠다.

30 저희가 추천하는 시스템(system)을 구축하면 시간과 공간의 제약을 받지 않고 (온나인 / 온라인)으로 정보를 제공할 수 있습니다.

31 우리 여자 양궁 선수가 (올림픽 / 올림픽)에서 두 번이나 금메달을 땄다.

32 회사에서 가까운 (원눔 / 원룸 / 월룸)이 출퇴근 거리가 먼 미혼 직원들에게 인기를 얻고 있다.

33 요즘 우리나라 젊은이들은 옷차림에서 (유니섹스 / 유니쎅스) 스타일을 선호하기 시작한다.

34 꼬마들은 껌을 못 얻어먹는 것이 억울한 것은 아니라는 표정으로, 마주 보며 픽 (유머러스하게 / 유머러쓰하게) 웃는다.

35 에스키모(Eskimo)들이 사는 (이그루 / 이글누 /이글루)는, 곰이 올라가도 무너지지 않을 만큼 튼튼하다.

36 내 노래 솜씨야 들으나마나 뻔한 거니까 그만 두고, 그 대신 오늘은 내 특별 (원맨쇼 / 원맨쑈)를 하나 보여 드리지.

37 이 작품은 청각적 (이메지 / 이미지)가 뛰어나다.

38 82년 프로야구 출범 이후 한 번도 빠지지 않은 플레이오프(play-off)는, 그해의 빅(big) (이밴트 / 이벤트)임에 틀림없다.

39 최근 우리 사회에서는 노동자들의 실직 문제가 사회적 (이수 / 이슈)로 떠올랐다.

40 철수가 귀에 (이어폰 / 이여폰)을 끼우고 손가락을 튀기는 것으로 보아, 신이 나는 음악을 듣고 있는 모양이었다.

풀이

01 ▷ 소파(sofa) : 등받이와 팔걸이가 있는 푹신한 의자. 예 거실에 소파를 놓다. / 부름을 받고 가서 보니, 원장은 미리부터 응접 소파로 내려와서, 그를 기다리며 앉아 있었다.

02 ▷ 버클(buckle) : 허리띠 따위를 죄어 고정시키는 장치가 되어 있는 장식물. 예 버클을 <u>끄르다</u>.

03 ▷ 커튼콜(curtain call) : 연극이나 음악회 따위에서 공연이 끝나고 막이 내린 뒤, 관객이 찬사의 표현으로 환성과 박수를 계속 보내어, 무대 뒤로 퇴장한 출연자를 무대 앞으로 다시 나오게 불러내는 일.

04 ▷ 러닝셔츠(running shirt) : 운동 경기할 때 선수들이 입는 소매 없는 셔츠(shirt). 또는 그런 모양의 속옷. 예 러닝셔츠 차림으로 실외를 돌아다니지 마라.

05 ▷ 토치카(러. tochka) : 콘크리트(concrete), 흙주머니 따위로 단단하게 쌓은 사격 진지.

06 ▷ 비디오(video) : 영상 신호나 음성 기호를 기록하기 위한 자기 테이프(磁氣tape). 또는 그것을 기록한 테이프(tape).

07 ▷ 타워(tower) : 탑처럼 높게 만든 구조물.

08 ▷ 라디오(radio) : 방송국에서, 일정한 시간 안에 음악, 드라마(drama), 뉴스(news), 강연 따위의 음성을 전파로 방송하여, 수신 장치를 갖추고 있는 청취자들에게 듣게 하는 일. 또는 그런 방송 내용.

09 ▷ 라스베이거스(Las Vegas) : 미국 남서부, 네바다(Nevada) 주에 있는 관광 도시 겸 세계적인 도박의 도시. 도박장, 호텔(hotel), 나이트클럽(night club) 따위가 있는 유흥지로 유명하다.

10 ▷ 랑데부(프. rendez-vous) : 특정한 시각과 장소를 정해서 하는 밀회. 특히 남녀 간의 만남을 이른다.

11 ▷ 램프(lamp) : 석유를 넣은 그릇의 심지에 불을 붙이고, 유리로 만든 등피(燈皮)를 끼운 등(燈).

12 ▷ 러키세븐(lucky seven) : '7'을 행운의 숫자라는 뜻으로 이르는 말.

13 ▷ 레이저(laser) : 분자 안에 있는 전자 또는 분자 자체의 격렬한 상태를 이용하여, 빛을 증폭하는 장치.

14 ▷ 레퍼리(referee) : 운동 경기에서 규칙이 적법한 것인가 아니한가를 심사하거나 승부를 판정함. 또는 그러한 일이나 사람. 심판(審判).

15 ▷ 렌즈(lens) : 빛을 모으거나 분산하기 위하여, 수정(水晶)이나 유리를 갈아서 만든 투명한 물체. 오목 렌즈(~lens)나 볼록 렌즈(~lens)가 있고, 안경이나 현미경, 망원경, 가정용 손전등 따위에 사용한다.

16 ▷ 로브스터(lobster) : 서양 요리에 사용하는 갯가재(갯가잿과의 동물 이름).

17 ▷ 로스앤젤레스(Los Angeles) : 캘리포니아(California) 주 남서부에 있는 도시. 석유 공업과 영화 산업으로 크게 발전하였다. 서부의 상업 중심지이며 휴양지로도 알려져 있다.

18 ▷ 로스앨러모스(Los Alamos) : 미국 서부의 뉴멕시코(New Mexico) 주에 있는 도시. 1942년에 정부에서 원자폭탄 연구소를 설치하여 최초로 핵분열과 원자폭탄을 개발하였다.

19 ▷ 록 앤드 롤(rock and roll) : 1950년대 미국에서 발생한 대중음악. 흑인 특유의 리듬 앤드 블루스(rhythm and blues)와 백인의 컨트리(country) 음악의 요소를 곁들인 강한 비트(beat)의 열광적인 음악이다.

20 ▷ 루스벨트(Roosevelt) : (1858~1919) 미국의 제 26대 대통령.

21 ▷ 류머티즘(rheumatism) : 뼈, 관절, 근육 따위가 단단하게 굳거나 아프며 운동하기가 곤란한 증상을 보이는 병을 통틀어 이르는 말.

22 ▷ 르포(프. reportage) : 보고 기사. 현장 보고. 현장 보고서.

23 ▷ 리우그란데(Rio Grande) : 브라질(Brazil) 남쪽 끝에 있는 항구 도시. 쌀, 축산물, 밀 따위의 수출항이다. 식료품, 직물 공업이 발달하였다.

24 ▷ 리치(reach) : 권투에서, 팔을 완전히 폈을 때 손끝이 미치는 범위.

25 ▷ 링(ring) : 권투나 프로레슬링(professional wrestling) 경기의 경기장.

26 ▷ 앵글(angle) : 사진 렌즈(~lens)로 촬영할 수 있는 범위가 렌즈(lens) 중심에 이루는 각도. 화각(畵角).

27 ▷ 오븐(oven) : 조리 기구의 하나. 기구 속에 음식을 넣고 밀폐하면 밀폐한 공간의 사방에서 보내는 열로 음식이 익는다. 전기 오븐(電氣 oven) 과 가스 오븐(gas-oven)이 있다.

28 ▷ 오픈 게임(open game) : ① 본 시합에 앞서 하는 시합. ② 정식 경기가 아닌, 참가 자격에 제한이 없이 누구나 참가할 수 있는 경기.

29 ▷ 옥타브(octave) : 음정을 나타내는 단위. 1옥타브(octave)는 진동수의 비율이 2가 될 때까지의 음정이다.

30 ▷ 온라인(on-line) : 컴퓨터(computer)의 단말기가 중앙 처리 장치와 통신 회선으로 연결되어 정보를 전송하고, 중앙 처리 장치의 직접적인 제어를 받는 상태. 은행의 예금, 좌석 예약, 기상 정보 따위에 이용한다.

31 ▷ 올림픽(olympic) : 국제 올림픽(olympic) 경기 대회.

32 ▷ 원룸(one room) : 방 하나로 침실, 거실, 부엌, 식당을 겸하도록 설계한 주거 형태. 원룸 아파트(one room apartment).

33 ▷ 유니섹스(unisex) : 의상이나 머리 모양 따위에서 남성과 여성의 구별이 없음. 또는 그런 것.

34 ▷ 유머러스하다(humorous~) : 익살스러우면서 재미가 있다.

35 ▷ 이글루(igloo) : 에스키모(Eskimo)의 집. 얼음과 눈 덩이로 둥글게 만든다.

36 ▷ 원맨쇼(one-man show) : 혼자서 진행하는 쇼.

37 ▷ 이미지(image) : 심상(心象).

38 ▷ 이벤트(event) : 여러 경기로 짜인 스포츠(sports) 경기에서, 각각의 경기를 이

르는 말.

39 ▷ 이슈(issue) : 서로 다투는, 중요한 점.

40 ▷ 이어폰(earphone) : 귀에 끼우거나 밀착할 수 있게 된, 전기 신호를 음향 신호로 변환하는 소형 장치. 휴대용 라디오(radio)나 보청기, 음악 감상용 장치에서 혼자만 들을 때에 사용한다.

정답

01. 소파 02. 버클 03. 커튼콜 04. 러닝셔츠 05. 토치카 06. 비디오 07. 타워 08. 라디오 09. 라스베이거스 10. 랑데부 11. 램프 12. 러키세븐 13. 레이저 14. 레퍼리 15. 렌즈 16. 로브스터 17. 로스앤젤레스 18. 로스앨러모스 19. 록 앤드 롤 20. 루스벨트 21. 류머티즘 22. 르포 23. 리우그란데 24. 리치 25. 링 26. 앵글 27. 오븐 28. 오픈 게임 29. 옥타브 30. 온라인 31. 올림픽 32. 원룸 33. 유니섹스 34. 유머러스하게 35. 이글루 36. 원맨쇼 37. 이미지 38. 이벤트 39. 이슈 40. 이어폰

삼 회
문제

● 다음 ( ) 안의 외래어 중 알맞은 것을 찾아 ○표 해 보자.

01 그 총장은 늘 우익 학생들의 활동을 지원하고, 대학 간의 (라이벌 / 라이블) 의식을 조성하곤 했다.

02 이 차는 우리 회사에서 독자적으로 개발한 (모댈 / 모델)입니다.

03 헌병대의 검은 지프(jeep)가 호들갑스럽게 (사이렌 / 싸이렌)을 울리며, 전차 사이를 누비고 지나갔다.

04 비포장도로를 주행할 때, 타이어(tire)는 (스패아 / 스페어)가 한 개쯤 있어야 한다.

05 아이들은 선생님의 (오르간 / 오르갠) 반주에 맞춰 노래를 불렀다.

06 미술가의 정교한 필치라고 하기보다는, 만화가의 (캐리커처 / 캐리커쳐)를 벗어나지 못한 것이어서, 세인의 관심도, 미술계의 호응도 얻지 못했다.

07 우리 집에서는 돌아가신 어머니에 대한 언급이 (타부 / 터부)로 돼 있다.

08 작년에 남로당 국회 (푸락치 / 프락치)도 다 잡힐 정도면, 우리 남쪽도 경찰력이

보통이 아닌 것으로 봐야지.

09 요즘 나는 (재즈 / 째즈) 카페(프. café)에서 아르바이트(독. Arbeit)를 한다.

10 이상과 현실 사이의 (갭 / 겝)이 크게 느껴진다.

11 이 옷의 세탁 방법은 (라밸 / 라벨)에 다 표시되어 있습니다.

12 그는 (배태랑 / 베테랑) 수사관으로 이름이 나 있다.

13 우리 과에서 (컴푸터 / 컴퓨터) 한 대를 새로 구입했다.

14 두 개의 인공위성 가운데 하나를 다른 하나에 접근하도록 조정하여, 동일 궤도
에 들어가서 함께 비행하게 하는 일을 (랑데부 / 랑데뷰) 비행이라고 한다.

15 그는 영화를 매우 좋아해, 직장도 그만 둔 영화 (마니아 / 마니야)이다.

16 커피(coffee)는 북부 예멘의 산지로부터 낙타 등에 실려 운반되었다. 건조한 뒤
에는 지중해를 거쳐 프랑스 (마르세유 / 마르세이유)로 전해졌다.

17 중국의 (마오저뚱 / 마오쩌둥 / 마오쩌뚱)은 1949년 공산 정권 수립과 동시에
초대 국가 주석에 취임한 후, 1959년에 사임하고 당 주석(主席)을 맡았으며,
1965년 이후 문화혁명을 지도하였다.

18 (말레시아 / 말레이시아)는 고무가 많이 나고 주석(朱錫), 석유, 목재(木材) 따위
의 천연자원이 풍부하며, 수도는 콸라룸푸르이다.

19 이 극장은 규모가 크며 (매머드 / 메머드) 화면이 자랑이다.

20 거대한 (맨선 / 맨션 / 맨숀) 외벽에 매달린 계단은, 거미의 발처럼 위태롭게 이

어져 내려가고 있었다.

21 그 애는 청바지 하나를 사도 꼭 유명 (메이커 / 메이크) 제품만 산다.

22 (메탄올 / 메탄홀)을 연료로 사용하여 발전(發電)하는 곳도 있다. 다만 이 발전
(發電)은 연료의 해상 수송비가 적게 들고 연소 방법이 간단하나, 세계적으로 생
산량이 적은 난점(難點)이 있다.

23 내년 3월이면 어느 지방에서도 오페라 하우스(opera house)가 개관되지만, 자
체 제작하는 오페라(opera) 공연은 (모짜르트 / 모차르트)의 '피가로(Figaro)의
결혼' 단 한 편뿐이고, 발레(프. ballet)나 무용 등의 공연은 사실상 없다.

24 산봉우리들이 꼬리에 꼬리를 물고 이어지는 모습이 환상적이다. 바로 눈앞에 (몬
떼로사 / 몬테로사 / 몬테로싸) 산, 마테호른(Matterhorn) 등 알프스(Alps)의
거봉(巨峯)들이 솟아 있어, 장엄한 아름다움이 느껴진다.

25 샤모니 마을에 있는 (몽블랑 / 몽불랑) 산을 보고 올까? 아니면 파리를 구석구석
볼까 망설이다가 결국 파리를 보기로 했다.

26 그에게는 그만의 독특한 (이매지 / 이미지)가 있다.

27 그들은 장애인 체육 대회와 같은 대규모 (에벤트 / 이벤터 / 이벤트)를 기획하고
있는 중이다.

28 철수는 가을을 맞이하여 야외에서 (에젤 / 이어젤 / 이젤) 위에 그림판을 올려
놓고, 풍경화를 그리고 있었다.

29 요즘 아무리 하찮은 종업원이라도, 월급 외에 (인센티브 / 인쎈티브)가 없으면
사장의 말을 잘 듣지 않는다고 한다.

30 그는 당뇨병 환자이기 때문에 병원에서 자주 (인슐린 / 인슐린) 주사를 맞아야 한다.

31 저 투수는 (인타발 / 인타벌 / 인터벌)이 길다보니 타자가 짜증을 잘 낸다.

32 요즘 아이들은 라면과 같은 (인스턴터 / 인스턴트 / 인쓰턴트) 식품을 지나치게 많이 먹는다.

33 그는 이 동네에서는 가장 견문이 넓은, 새로운 지식을 흡수한 (인테리 / 인텔리)요, 유일한 지도자였다.

34 우리나라의 경우는, 그 전문가가 좀처럼 (인테리겐챠 / 인텔리겐챠 / 인텔리겐치아)로 발전하지 못하고, 전문가의 주변에 머물러 버리는 것이 한 특징이다.

35 우리들은 암벽 등반을 하기 위하여 (자일 / 쟈일)부터 챙겼다.

36 그는 아까부터 (주크박스 / 쥬크박스) 속에 동전을 집어넣고 음악을 들었으며, 음악이 나오면 혼자 춤을 추었다.

37 적의 정비 기간이, 아군에게 절호의 공격 (찬스 / 찬쓰)가 될 수 있다.

38 오늘 점심시간에는 외출하기가 힘들어서, 우리들이 양념 (찌킨 / 치킨)을 배달시켜 먹었다.

39 전제(專制) 국가에서는 임금이 절대적인 (카리스마 / 카리스머 / 카리쓰마)를 가지고 있었다.

40 철수는 어머니가 사 오신 (카스테라 / 카스텔라 / 카스텔러)를 몇 조각 먹고 난 후, 친구에게 전화를 걸었다.

01 ▷ 라이벌(rival) : 같은 목적을 가졌거나, 같은 분야에서 일하면서 이기거나 앞서려고 서로 겨루는 맞적수(~敵手). 예 그와 나는 회화 분야에서 라이벌 관계이다.

02 ▷ 모델(model) : ① 작품을 만들기 전에 미리 만든 물건. 또는 완성된 작품의 대표적인 보기. ② 본보기가 되는 대상이나 모범. 예 우리 시(市)는 지방 자치제의 모델이라 할만하다. ③ 패션모델(fashion model). 예 저 여성은 현재 의류업계에서 모델로 일을 한다.

03 ▷ 사이렌(siren) : 경보(警報) 따위를 알리는 음향 장치. 예 공습경보 사이렌이 울리다. / 통행금지 사이렌 소리에 깜짝 놀란 일이, 한두 번이 아니었다.

04 ▷ 스페어(spare) : 급한 경우에 바꾸어서 사용할 수 있도록 예비로 준비하여 두는, 같은 종류의 물품 따위를 이르는 말.

05 ▷ 오르간(organ) : 풍금(風琴).

06 ▷ 캐리커처(caricature) : 어떤 사람이나 사물의 특징을 과장하여 우스꽝스럽게 풍자한 글이나 그림. 또는 그런 표현법. 예 그 사람은 유명인들의 캐리커처를 잘 그린다.

07 ▷ 터부(taboo) : ① 미개한 사회에서 신성하거나 속된 것, 또는 깨끗하거나 부정하다고 인정된 사물, 장소, 행위, 인격, 말 따위에 관하여 접촉하거나 이야기하는 것을 금하거나 꺼리고, 그것을 범하면 초자연적인 제재가 가해진다고 믿는 습속(習俗). ② 특정 집단에서 어떤 말이나 행동을 금하거나 꺼리는 것.

08 ▷ 프락치(러. fraktsiya) : 특수한 사명을 띠고 어떤 조직체나 분야에 들어가서, 본래의 신분을 속이고 몰래 활동하는 사람. 예 프락치를 파견하다. / 엉뚱하다고는 하나, 중요 기관에 들어가는 프락치는, 변성명(變姓名)을 하는 것이 공산당의 상투수단이다.

09 ▷ 재즈(jazz) : 미국에서 나타난, 경쾌하고 활기가 넘치는 리듬(rhythm)의 대중음악. 20세기 초, 흑인 민속 음악을 바탕으로 하여 발달한 무도곡으로, 즉흥적 연주를 중시함.

10 ▷ 갭(gap) : 사람과 사람, 집단과 집단, 현상과 현상 사이에 존재하는 의견, 능력, 속성 따위의 차이. 예 오늘날 우리 사회에는 세대 간의 갭이 많이 있다.

11 ▷ 라벨(label) : 종이나 천에 상표나 품명 따위를 인쇄하여, 상품에 붙여 놓은 조각. 분류 번호, 취급상의 주의 사항, 제품의 크기, 가격 따위를 써 넣기도 한다.

12 ▷ 베테랑(veteran) : 어떤 분야에 오랫동안 종사하여, 기술이 뛰어나거나 노련한 사람. 예 베테랑 운전사와 경쟁하려니 힘이 많이 든다.

13 ▷ 컴퓨터(computer) : 전자 회로를 이용한 고속의 자동 계산기. 숫자 계산, 자동 제어, 데이터(data) 처리, 사무 관리, 언어나 영상 정보 처리 따위에 광범위하게 이용된다. 예 컴퓨터를 켜다. / 컴퓨터로 작업을 하다.

14 ▷ 랑데부(프. rendez-vous) : 인공위성이나 우주선이 우주 공간에서 만나는 일.

15 ▷ 마니아(mania) : 어떤 한 가지 일에 몹시 열중하는 사람. 또는 그런 일.

16 ▷ 마르세유(Marseille) : 프랑스(France) 남부에 있는 항구 도시. 지중해(地中海)에서 가장 큰 무역항으로, 론 강(Rhone江) 어귀에 있다. 조선(造船), 기계(機械), 화학(化學), 정유(精油) 따위의 공업이 발달하였다.

17 ▷ 마오쩌둥(Mao Zedong) : (1893~1976) 중국의 정치가.

18 ▷ 말레이시아(Malaysia) : 아시아(Asia) 남동부 말레이 반도(Malay半島)와 보르네오(Borneo) 섬 북부를 차지하는 입헌 군주국.

19 ▷ 매머드(mammoth) : 큰, 대형(大型), 대규모(大規模)의 뜻.

20 ▷ 맨션(mansion) : '큰 저택'이란 뜻으로, 호텔식(hotel式)의 고급 아파트(apartment)를 이르는 말.

21 ▷ 메이커(maker) : 상품을 만드는 사람, 또는 그 회사.

22 ▷ 메탄올(methanol) : 목재를 건류할 때 생기는 알코올(alcohol)의 하나. 무색의 액체로 독성이 강하여 소량이라도 마시면 시력 장애를 일으킨다. 포름알데히드(formaldehyde) 따위의 제조 원료로 쓴다.

23 ▷ 모차르트(Mozart) : (1756~1791) 오스트리아(Austria)의 작곡가. 하이든(Hay-dn)과 함께 18세기의 빈(독. Wine / 영. Vienna : 오스트리아의 수도) 고전파를 대표하는 한 사람으로, 고전파의 양식을 확립하였다.

24 ▷ 몬테로사 산(Monte Rosa 山) : 스위스(Suisse)와 이탈리아(Italia)의 국경에 있는 알프스(Alps) 산맥에서 두 번째로 높은 산. 정상(頂上)은 열두 개의 봉우리로 이루어져 있다. 높이는 4,634미터.

25 ▷ 몽블랑 산(Mont Blanc 山) : 프랑스(France)와 이탈리아(Italia) 국경에 있는 알프스(Alps) 산맥의 최고봉. 꼭대기는 만년설(萬年雪)에 덮여 있고, 빙하가 발달되었다. 알프스 (Alps) 최대의 관광 중심지. 높이 4807미터.

26 ▷ 이미지(image) : 어떤 사람이나 사물로부터 받는 느낌.

27 ▷ 이벤트(event) : 불특정의 사람들을 모아 놓고 개최하는 잔치.

28 ▷ 이젤(easel) : 그림을 그릴 때 그림판을 놓는 틀.

29 ▷ 인센티브(incentive) : 어떤 행동을 하도록 사람을 부추기는 것을 목적으로 하는 자극.

30 ▷ 인슐린(insulin) : 이자에서 만들어져서 포도당을 글리코겐(Glycogen)으로 바꾸는 호르몬(hormone) 단백질. 몸 안의 혈당량을 적게 하는 작용을 하므로, 당뇨병을 고치는 데 쓴다.

31 ▷ 인터벌(interval) : ① 시간적인 간격. ② 야구에서, 투수의 투구 간격을 이르는 말.

32 ▷ 인스턴트식품(instant食品) : 조리하기 쉽고 저장이나 휴대도 편리한 가공 식품.

33 ▷ 인텔리(르. intelligentsia) : 지적 노동에 종사하는 사회 계층. 또는 지식이나 학문, 교양을 갖춘 사람. 본래는 제정(帝政) 러시아(Russia) 때에 혁명적 성향을 가진 지식인을 이르던 말이었다. 지식층(知識層).

34 ▷ 인텔리겐치아(르. intelligentsia) : 지적 노동에 종사하는 사회 계층. 또는 지식이나 학문, 교양을 갖춘 사람. 본래는 제정(帝政) 러시아(Russia) 때에 혁명적 상향을 가진 지식인을 이르던 말이었다. 지식층(知識層).

35 ▷ 자일(독. Seil) : 등산용 밧줄. 대마(大麻), 나일론(nylon), 마닐라삼(Manila~) 따위로 꼬아서 만든다.

36 ▷ 주크박스(jukebox) : 동전을 넣고 단추를 눌러 곡(曲)을 지정하면 저절로 음악이 나오는 장치.

37 ▷ 찬스(chance) : 기회(機會).

38 ▷ 치킨(chicken) : 닭고기 튀김.

39 ▷ 카리스마(charisma) : 대중을 심복(心腹)시켜 따르게 하는 능력이나 자질.

40 ▷ 카스텔라(포. castella) : 밀가루에 설탕, 달걀, 물엿 등을 넣고 반죽하여 오븐(oven)에 구운 양과자.

정답

01. 라이벌 02. 모델 03. 사이렌 04. 스페어 05. 오르간 06. 캐리커처 07. 터부 08. 프락치 09. 재즈 10. 갭 11. 라벨 12. 베테랑 13. 컴퓨터 14. 랑데부 15. 마니아 16. 마르세유 17. 마오쩌둥 18. 말레이시아 19. 매머드 20. 맨션 21. 메이커 22. 메탄올 23. 모차르트 24. 몬테로사 25. 몽블랑 26. 이미지 27. 이벤트 28. 이젤 29. 인센티브 30. 인슐린 31. 인터벌 32. 인스턴트 33. 인텔리 34. 인텔리겐치아 35. 자일 36. 주크박스 37. 찬스 38. 치킨 39. 카리스마 40. 카스텔라

사 회
문제

● **다음 ( ) 안의 외래어 중 알맞은 것을 찾아 ○표 해 보자.**

01 (판다 / 팬더)는 중국에서만 서식하는 희귀 동물이다.

02 (로얄제리 / 로열제리 / 로열젤리)는 꿀벌의 분비물이다.

03 나는 철수가 준 검은색 겨울 바지에, 시원스레 보이는 하늘 빛 (노오타이 / 노타이)를 입고, 밖으로 나갔다.

04 그는 정직을 평생 (모또 / 모토)로 내걸었다.

05 너무 오래되어 맛이 싱거운 (사이다 / 사이더)의 거품으로, 입술을 축이며 말하였다.

06 이번 세계 선수권 대회에 출전할 (앤트리 / 엔트리)가 발표되었다.

07 그 이상의 말은, 개인의 (푸라이버시 / 프라이버시)를 침범하는 것이 된다는 얘기였다.

08 우리 선수가 상대 선수의 펀치(Punch)를 자꾸 맞아, (그로기 / 그로키) 상태에 빠졌다.

09 그 남자는 (로맨티시스트 / 로멘티시스트)라고 할 만한 기질이 있다.

10 김 형사가 가져온 (몽타주 / 몽타쥬)의 주인공은, 조그만 혐의점도 없는 등반객으로, 경찰에 자진 출두했다.

11 연출자는 배우에게 대사(臺詞)를 하라는 (시그날 / 시그널)을 보냈다.

12 연극의 (오퍼닝 / 오프닝) 장면이 매우 인상적이었다.

13 그들은 일을 할 때마다 두 배에서 최고 다섯 배까지의 (커미션 / 커미숀)을 받습니다.

14 그는 특혜로 분양 받은 아파트를 (푸리미엄 / 프레미엄 / 프리미엄)을 조금 받고 되팔았다.

15 1945년 4월 27일, (무솔리니 / 무쏘리니 / 무쏠리니)는 코모 근처의 한 호수가 마을에서, 빨치산에게 포로로 잡힌 후, 그의 애인 클라라 페타치와 함께 총살당하게 된다.

16 그 책은 (무커 / 무크 / 뭇크)로, 그동안 신문이나 잡지에 실렸던 칼럼(column) 중에서, 독자들의 인기가 높았던 것을 수집하여 수정, 보완한 것이다.

17 그녀는 후후 하고 작은 새가 울 듯 입을 벌리고 웃더니, 테이블(table) 석(席) 손님이 추가 주문한 따끈한 (바게뜨 / 바게트 / 빠게트)가 든 등나무 바구니를 들고, 몸을 옆으로 돌렸다.

18 긴 베이지(beige) 색 (바바리코트 / 바버리코트 / 바바리코터)를 걸친 중년의 두 남녀가, 무대 왼쪽에서 조용히 걸어 나오고 있었다.

19 그는 약국에서 (바카스 / 바커스 / 바커쓰) 한 통을 사서, 어머니께 갖다 드렸다.

20 그것은 독일이 낳은 위대한 음악가 (바아 / 바으 / 바흐)의 생애와 그 작품들을 다룬 보고서입니다.

21 공중전화는 밖에서 급하게 통화할 일이 있는 경우, 휴대전화가 먹통이거나, (배떠리 / 배터리 / 뱃터리)가 나갔을 때 유용하게 사용된다. 국민들은 여전히 공중전화가 필요하다고 보고 있다.

22 (배런타이데이 / 배런타인데이 / 밸런타인데이)는 초콜릿(chocolate)처럼 달콤한 사랑을 고백하는 날인 만큼, 어떤 패션(fashion) 스타일(style)을 연출하느냐 하는 것도 매우 중요하다.

23 그는 빵에 (버터 / 빠다 / 뻐터)를 발라 구워 먹는 것을 좋아한다.

24 달리아(dahlia)의 덩이뿌리, 백합의 비늘줄기, 글라디올러스(gladiolus)의 알줄기 따위를 우리는 모두 (발브 / 벌버 / 벌브)라고 부른다.

25 커피에는 (까패인 / 카패인 / 카페인)이 들어 있기 때문에, 그것을 여러 잔 마시면 몸에 좋지 않다.

26 우리나라 백두산의 천지(天池)는, (칼데라 / 칼델라 / 칼델러)에 물이 고여 이루어진 호수이다.

27 그는 지방 신문의 (카럼리스트 / 칼람리스트 / 칼럼리스트)인데, 나는 그의 글을 몇 번 읽고 난 후 그에게 반하고 말았다.

28 그녀는 낮에는 비록 (캐디 / 케디)이지만, 밤에는 가정에서 노부모를 극진히 모시는 효녀이다.

29 그 배우는 (캐릭터 / 케릭터 / 캐릭트)가 강한 인물로 연기하다보니, 때로는 그것이 부담스럽다고 이야기한다.

30 뉴스가 다 끝날 무렵이 되면, 으레 기상 (캐스터 / 케스터 / 케스트)가 내일의 날씨에 대한 정보를 알려준다.

31 그는 김 감독의 새 영화에 주인공으로 (캐스팅 / 케스팅)되었다.

32 그 팀은 9회 말에 (캐차 / 캐처 / 캐쳐 / 캣처)가 공을 놓치는 바람에, 결승점을 내줘 끝내 패하고 말았다.

33 몇 년 전만 해도 '아들 딸 구별 말고 하나만 잘 낳아 잘 기르자'는 (캐치프레이즈 / 케치프레이즈 / 케치프래이즈)가, 요즘은 많이 퇴색되었다.

34 철수는 무슨 고민이 있었는지, 엊저녁에 혼자 (캐앤 / 캔) 맥주 다섯 개를 마시고 잠을 청하였다.

35 그는 가게에서 아이들에게 줄 (캐앤디 / 캔디 / 켄디) 한 봉지를 샀다.

36 2,000명의 졸업생과 그 스무 배도 넘는 축하객이 몰린 (캠퍼서 / 캠퍼스 / 캠퍼쓰)는 그야말로 인산인해(人山人海)였다.

37 (캠핑 / 켐핑) 자리는 물 있는 곳을 찾아 정하는 것이 보통(普通)이기에 대개 계곡이 가까운 언덕에 천막을 친다.

38 이 길 끝에서 (카브 / 카버 / 커브 / 커버)를 돌면, 우리가 가고자 하는 집이 보일 것이다.

39 와이셔츠 (카프스 / 커프스 / 커프서)에 때가 묻어 도저히 입을 수가 없었다.

풀이

01 ▷ 판다(panda) : 중국 특산의 포유동물.

02 ▷ 로열젤리(royal jelly) : 꿀벌의 일벌이 여왕벌의 유충에게 먹이는 먹이. 일벌의 타액선(唾液腺)에서 나오는 분비물임. 왕유(王乳).

03 ▷ 노타이(no tie) : ① 넥타이(necktie)를 매지 않고 입을 수 있도록 만들어진 셔츠(shirt). ② 와이셔츠(white shirt)에 넥타이(necktie)를 매지 않은 차림. 예 여름에는 무더운 날씨 때문에 노타이 차림의 신사가 많았다.

04 ▷ 모토(motto) : 살아가거나 일을 하는 데 있어서 표어나 신조 따위로 삼는 말. 예 이 단체의 모토는 '하면 된다.'이다. / 그들은 개화를 모토로 내걸었다.

05 ▷ 사이다(cider) : 청량 음료수의 일종. 설탕물에 탄산나트륨(炭酸Natrium)과 향로를 섞어 만들어, 달고 시원한 맛이 난다.

06 ▷ 엔트리(entry) : 경기 · 경연 따위에 참가하는 사람들의 명부.

07 ▷ 프라이버시(privacy) : 개인의 사생활이나 집안의 사적인 일. 또는 그것을 남에게 간섭 받지 않을 권리. 예 프라이버시를 존중하다.

08 ▷ 그로기(groggy) : 권투에서, 심한 타격을 받아 몸을 가누지 못하고 비틀거리는 일.

09 ▷ 로맨티시스트(romanticist) : ① 낭만주의자나 낭만파를 이르는 말. ② 공상가나 몽상가를 이르는 말.

10 ▷ 몽타주(불. montage) : ① 영화나 사진 편집 구성의 한 방법. 따로따로 촬영한 화면을 적절하게 떼어 붙여서, 하나의 긴밀하고도 새로운 장면이나 내용으로 만드는 일. 또는 그렇게 만든 화면. ② 몽타주(프. montage) 사진, 즉 여러 사람의 사진에서 얼굴의 각 부분을 따서, 따로 합쳐 만들어, 어떤 사람의 형상을 이루게 한 사진. 흔히 범죄 수사에서, 목격자의 증언을 모아 용의자를 사진 수배하는 데

에 응용한다. 예 경찰이 유괴범의 몽타주를 공개했다.

11 ▷ 시그널(signal) : ① 신호(信號). ② 신호기(信號機).

12 ▷ 오프닝(opening) : 방송 프로그램(program) 따위에서 첫 부분을 시작하는 일.
예 오프닝 쇼. / 오프닝 멘트.

13 ▷ 커미션(commission) : 국가나 공공 단체 또는 그 기관이, 특정한 사람을 위하여
공적인 일을 하였을 때, 그 보상으로 받는 요금. 예 그는 커미션을 받고 직업을
알선해 준다. / 그 사람은 그 부탁을 들어주는 조건으로 많은 커미션을 요구했다.

14 ▷ 프리미엄(premium) : 규정 이상의 시간이나 생산에 대하여 지불하는 금액.

15 ▷ 무솔리니(Mussolini) : (1883~1945) 제일차 세계 대전 이후 이탈리아(Italia)의
파시스트당(Fascist黨)을 조직하고, 1922년 쿠데타로 정권을 획득하였으며, 이
탈리아(Italia)의 수상이 되어 독립 체제를 구축하였다. 1940년 일본, 독일과의
삼국 동맹에 의하여 연합국 측에 선전 포고하고, 제이 차 세계 대전에 참전했으
나, 패하여 자국 내의 빨치산에게 피살되었다.

16 ▷ 무크(mook) : 단행본과 잡지의 특성을 동시에 갖춘 출판물. 편집이나 제책(製冊)
의 형태는 잡지와 비슷하나, 부정기적(不定期的)이란 점은 단행본과 비슷하다.

17 ▷ 바게트(프. baguette) : 막대기 모양의 기다란 프랑스(France) 빵. 겉껍질이 단
단하여, 씹으면 파삭파삭 소리가 난다.

18 ▷ 바바리코트(Burberry coat) : 주로 봄과 가을에 입는 코트(coat). 영국의 바바리
(Burberry) 회사의 제품 이름에서 유래한다. 바바리(Burberry)

19 ▷ 바커스(Bacchus) : '바쿠스(Bacchus)'의 영어 이름. '바쿠스(Bacchus)'는 로
마(Rome) 신화에 나오는 술의 신. 그리스(Greece) 신화의 디오니소스(Diony-
sos)에 해당한다.

20 ▷ 바흐(Bach) : (1685~1750) 독일의 작곡가.

21 ▷ 배터리(battery) : '건전지, 전지, 축전지(蓄電池) 등'의 의미.

22 ▷ 밸런타인데이(Valentine Day) : 발렌티누스(Valentinus)의 축일(祝日)인 2월 14
일을 이르는 말. 해마다 성 발렌티누스(Va-lentinus) 사제(司祭)가 순교한 2월

14일에, 사랑하는 사람끼리 선물이나 카드를 주고받는 풍습이 있다. 우리나라와 일본에서는 이날 여성이 먼저 남성에게 사랑을 고백해도 좋다는 속설이 있다.

23 ▷ 버터(butter) : 우유의 지방을 분리하여 응고시킨 식품. 빵에 발라 먹거나 요리 재료로 이용한다.

24 ▷ 벌브(bulb) : 땅속에 있는 식물체의 일부인 뿌리나 줄기 또는 잎 따위가, 달걀 모양으로 비대하여 양분을 저장한 것. 알뿌리.

25 ▷ 카페인(caffeine) : 커피(coffee)의 열매나 잎, 카카오(스. cacao)와 차 따위의 잎에 들어 있는 알칼로이드(alkaloid). 무색의 결정으로 쓴맛이 있으며, 흥분제, 이뇨제, 강심제 등에 쓰나 많이 사용하면 중독 증세를 일으킨다.

26 ▷ 칼데라(에. caldera) : 강렬한 폭발에 의하여 화산의 분화구 주변이 붕괴, 함몰되면서 생긴, 대규모의 원형 또는 말발굽 모양의 우묵한 곳. 지름은 $3km$ 이상인데, 수십km에 이르는 것도 있다.

27 ▷ 칼럼리스트(columnist) : 신문이나 잡지에 칼럼(column)을 쓰는 사람.

28 ▷ 캐디(caddie) : 골프(golf)에서, 골프채(golf~)를 메고 골프(golf)를 치는 사람을 따라다니며, 조언을 하거나 시중을 드는 사람.

29 ▷ 캐릭터(character) : 소설이나 연극 따위에 등장하는 인물. 또는 작품 내용에 의하여 독특한 개성과 이미지(image)가 부여된 존재.

30 ▷ 캐스터(caster) : 텔레비전(television) 보도 프로그램(program)의 진행을 맡은 사람. 또는 해설자.

31 ▷ 캐스팅(casting) : 연극이나 영화에서 배역을 정하는 일.

32 ▷ 캐처(catcher) : 야구에서, 본루(本壘)를 지키며 투수가 던지는 공을 받는 선수.

33 ▷ 캐치프레이즈(catch-phrase) : 광고, 선전 따위에서 남의 주의를 끌기 위한 문구나 표어.

34 ▷ 캔(can) : 양철로 만든 통.

35 ▷ 캔디(candy) : 설탕이나 엿을 굳혀서 만든 과자. 캐러멜(caramel), 드롭스(drops), 누가(프. nougat) 따위의 여러 종류가 있다.

36 ▷ 캠퍼스(campus) : 대학이나 그 밖의 학교의 교정 또는 구내(構內).

37 ▷ 캠핑(camping) : 산이나 들 또는 바닷가 등에서 텐트(tent)를 치고 야영하는 일.
     또는 그런 생활.

38 ▷ 커브(curve) : 길이나 선 따위의 굽은 부분.

39 ▷ 커프스(cuffs) : 와이셔츠(white shirts)나 블라우스(blouse)의 소맷부리.

정답

01. 판다 02. 로열젤리 03. 노타이 04. 모토 05. 사이다 06. 엔트리 07. 프라이버시 08. 그로기
09. 로맨티시스트 10. 몽타주 11. 시그널 12. 오프닝 13. 커미션 14. 프리미엄 15. 무솔리니 16. 무
크 17. 바게트 18. 바바리코트 19. 바커스 20. 바흐 21. 배터리 22. 밸런타인데이 23. 버터 24. 벌
브 25. 카페인 26. 칼데라 27. 칼럼리스트 28. 캐디 29. 캐릭터 30. 캐스터 31. 캐스팅 32. 캐처
33. 캐치프레이즈 34. 캔 35. 캔디 36. 캠퍼스 37. 캠핑 38. 커브 39. 커프스

오 회
문제

● **다음 ( ) 안의 외래어 중 알맞은 것을 찾아 ○표 해 보자.**

01 전달할 (메세지 / 메시지 / 멧세지)를 녹음해 두다.

02 한 여름이 되면 시청 앞 (로타리 / 로터리)의 분수대가 물을 뿜고 있었다.

03 그가 드디어 국제 영화제에서 영예의 (그랑푸리 / 그랑프리)를 차지했다.

04 그녀는 검정 (스웨타 / 스웨터)에 낡은 코르덴바지를 입고 있었으니, 파티(party) 복장으로는 파격적이었다.

05 탈옥수와 그를 쫓는 경찰관의 격투를 그린 (액션물 / 엑션물) 영화가, 최근에 개봉되었다.

06 동네 아이들이 골목에서 (롤라스케이트 / 롤러스케이트)를 타면서 놀고 있었다.

07 우리가 다니는 학교는 (미션스쿨 / 미숀스쿨)이라서, 일주일에 한 번씩 채플(chapel) 시간이 있다.

08 그녀는 유능한 피아니스트로 인정받아 세계 정상급 (오케스트라 / 오케스트러)와 잇따라 협연(協演)을 하면서, 점차 세계적으로 명성을 드날렸다.

09 우리 축구팀은 스피드(speed)와 (태크닉 / 테크닉)에서 상대 팀을 시종 압도했다.

10 (배토벤 / 베토밴 / 베토벤)의 작풍(作風)은 동적인 힘이 그 특징이고, 강고(強固)한 형식감(形式感)으로 일관되어, 곡마다 독자적으로 하나의 세계를 이룬다.

11 투수가 타자에게 스트라이크(strike) 아닌 (보올 / 볼)을 네 번 던지면, 타자는 자동적으로 일루(一壘)로 진루(進壘)하게 된다.

12 자본가 계급이 주도권을 쥐고 봉건 제도를 타파하여, 자본주의적인 정치, 경제, 체제를 확립한 사회 혁명을, 우리는 (부러주아 / 부르조아 / 부르주아 / 부르쥬아) 혁명이라고 부른다.

13 여기에 정권(政權) 말년 월 가(街) 발(發) 금융 위기까지 겹쳐, 조지 (부쉬 / 부시 / 붓시) 미국 대통령은 사상 최악의 낮은 지지율로, 고전을 면치 못하고 있었다.

14 나는 그때부터 적당한 강아지를 물색하다가, 생후 넉 달된 (불도거 / 불도그 / 불독)를(을) 판다는 신문 광고를 발견하고, 곧바로 연락을 해 보았다.

15 생활이 어려운 장애인 소유 차량 20대를 대상으로, 엔진 및 밋션 오일, 에어컨 가스, 윈도 (부러시 / 브러쉬 / 브러시) 등에 대해 일제 점검이 실시되었다.

16 그녀는 화보를 통하여 그동안 볼 수 없었던, (비키니 / 빅키니)를 착용한 모습으로 색다른 매력을 과시했다.

17 (산타크로스 / 산타클로스 / 싼타클로스)와 키다리 아저씨 등 동화 속 주인공이 무대에 등장하자, 아이들은 마냥 신기하게 생각한 모양이었다.

18 어느 잡지 기자는 (사포로 / 삿뽀로 / 삿포로)와 오타루 등지에서 맛집과 료칸, 쇼핑 센터 등을 다니면서 자유를 만끽하는 중년 배우의 모습을 담았다.

19 구호 센터 사람들이 난민촌에 헌옷을 갖다 놓자, 열 살짜리 소녀 리나는 자기 발에 꼭 맞는 (샌달 / 샌들 / 쌘달 / 쌘들) 한 짝을 찾아내고, 좋아서 어쩔 줄 몰랐다.

20 그 연회장에는, 휘황찬란한 (상들리에 / 샹드리에 / 샹들리에)가 천장에 매달려 불빛을 밝히고 있었으며, 바닥에는 붉은 양탄자가 깔려 있었다.

21 이 녀석이 오늘 이렇게 (서비서 / 서비스 / 써비스)가 좋은 걸 보니, 용돈이 필요한 모양이구나.

22 차가운 계곡물에 발 담그고 요트(yacht) 위에 누워서 (선탠 / 썬탠)을 하고, 파란 바다를 가로지르는 상상을 해 본다.

23 "내 책 좀 줄래요?" 에릭이 다리에 (선탠로션 / 썬탠로션)을 바르면서 물었다. "그래요. 어디 있어요?"

24 그 배우는 극중 자신이 짝사랑하는 철수에게 다가가, (선탠오일 / 썬탠오일)을 발라주며 야릇한 분위기를 연출했다.

25 70~80년대의 서울과 달동네를 재현해 놓은 드라마 (세트 / 쎄트)를 본 순간, 나는 왠지 어린 시절로 돌아간 느낌이 들었다.

26 그 배우는 (캐스터 / 캐스트 / 케스트)가 마음에 들지 않아, 처음부터 영화 촬영을 포기하였다.

27 건너편 좌석에, 남녀 대학생인 듯한 (카플 / 커풀 / 커플)이 앉아, 맥주를 마시고 있었다.

28 분장실에서 (코디내이터 / 코디네이타 / 코디네이터)가 그녀에게 무대 의상을 입히고 있었다.

29 작가는 그 이야기를 (코믹하게 / 코믹하게) 꾸몄지만 사실은 슬픈 이야기다.

30 그는 버스를 타고 다니면서 돈 아낄 생각은 하지 않고, 걸핏하면 (코올택시 / 콜택시 / 콜택씨)를 타곤 한다.

31 철수는 대본을 보면서 연기 연습을 하다가, (큐 / 큐우)를 알리는 연출자처럼 손가락을 세우는 일이 종종 있다.

32 그 작품은 내일부터 (크랑크 / 크랭크 / 크렝크)를 할 예정이다.

33 초등학교 1학년 어린이가 (크래파스 / 크레파스 / 크레파쓰)로 그림을 제법 잘 그렸다.

34 그 선수는 높이뛰기에서, 공중에 가로질러 놓은 (크로스바 / 크로스바아 / 크로쓰바)를 무사히 뛰어넘어, 세계기록을 경신하였다.

35 목욕을 마치고 나온 그녀는, 화장대 앞에 앉아 (커림 / 크리임 / 크림)을 바르기 시작했다.

36 그는 바짝 차문 옆에 붙어 서서, 비상용 (퀴 / 키 / 키이)로 차의 문을 따고 있었다.

37 호텔 종업원이 (퀴보드 / 키보드 / 키이보드)에 걸려 있던 방 열쇠를 나에게 건네주었다.

38 상대편 선수의 (퀵오프 / 킥오프 / 킬오프)로 축구 경기가 드디어 시작되었다.

39 비록 후줄근하게 낡은 것이긴 해도, 명색(名色)만 신사복에 (타에 / 타이)까지 단정하게 착용한 사내였다.

40 이 옷은 내 몸에 (타이트해서 / 타잇트해서) 운동하기에 불편하다.

풀이

01 ▷ 메시지(message) : ① 어떤 사실을 알리거나, 주장하거나, 경고하기 위하여 보내는 전언(傳言). 예 구원의 메시지. / 성탄 축하 메시지. / 메시지를 전달하다. / 메시지를 건네다. / 메시지를 남기다. / 그는 음성 메시지를 확인했다. / 아직 메시지에 대한 회답이 오지 않았다. ② 문예 작품이 담고 있는 교훈이나 의도. 예 이 작품이 주는 메시지는 독자들을 흥분시키기에 충분하였다.

02 ▷ 로터리(rotary) : 교통이 복잡한 네거리 같은 곳에 교통정리를 위하여 원형으로 만들어 놓은 교차로. 예 버스는 큰길로 나섰고, 잠시 신호등에 걸려 멈춰 섰다가, 로터리를 돌았다.

03 ▷ 그랑프리(프. grand prix) : 가요제나 영화제 따위에서, 최우수자에게 주는 상. 주로 베니스(venice)의 국제 영화제에서의 최고상을 이른다.

04 ▷ 스웨터(sweater) : 털실로 두툼하게 짠 상의. 예 스웨터를 뜨다. / 날이 추워서 스웨터를 두둑하게 걸쳐 입었다.

05 ▷ 액션물(action物) : 격투 따위의 거친 연기를 다룬 영화 작품. 예 우리들은 영화관에서 액션물을 즐겨 본다.

06 ▷ 롤러스케이트(roller skate) : 바닥에 네 개의 작은 바퀴가 달린 스케이트(skate). 주로 아스팔트(asphalt)나 콘크리트(concre-te) 바닥에서 탄다.

07 ▷ 미션스쿨(mission school) : ① 기독교 단체에서 전도(傳道)와 교육 사업을 목적으로 운영하는 학교. ② 전도사(傳道師)를 양성하는 학교.

08 ▷ 오케스트라(orchestra) : 관현악(단).

09 ▷ 테크닉(technic) : 악기, 연주, 노래, 운동 따위를 훌륭하게 해내는 기술이나 능력. 예 그것은 고도의 테크닉을 필요로 하는 연극이다. / 테크닉이 좋다. / 테크닉

을 익히다. / 고도의 테크닉을 요하다.

10 ▷ 베토벤(Beethoven) : (1770~1827). 독일의 작곡가.

11 ▷ 볼(ball) : 야구에서, 투수가 던진 공 가운데 스트라이크 존(strike zone)을 벗어
난 공.

12 ▷ 부르주아 (프. bourgeois) : ① 근대 사회에서, 자본가 계급에 속하는 사람. ②
'부자(富者)'를 속되게 이르는 말.

13 ▷ 부시(Bush) : 2008년 9월 현재 미국의 대통령.

14 ▷ 불도그(bulldog) : 개의 한 품종.

15 ▷ 브러시(brush) : 먼지나 때를 쓰러뜨리거나 풀칠 따위를 하는 데 쓰는 도구. 솔.

16 ▷ 비키니(bikini) : 상하가 분리되어 브래지어(brassiere)와 팬티(panties)로 이루
어진, 여자 수영복.

17 ▷ 산타클로스(Santa Claus) : 크리스마스(Christmas) 전날 밤, 어린이의 양말에
선물을 넣고 간다는 노인. 4세기경 미라(Myra)의 사교(司敎)였던 세인트 니콜라
스(Saint Nicholas)의 이름에서 유래한다.

18 ▷ 삿포로(Sapporo) : 일본 홋카이도[北海島] 이시카라 평야 남서부에 있는 도시.
서비스 산업과 함께 맥주, 유업, 인쇄, 출판 따위의 공업이 발달하였다.

19 ▷ 샌들(sandal) : 나무, 가죽, 비닐 따위로 바닥을 만들고, 이를 가느다란 끈으로 발
등에 매어 신게 만든 신발.

20 ▷ 샹들리에(프. chandelier) : 천장에 매달아 드리우게 된, 여러 개의 가지가 달린
방사형(放射形) 모양의 등(燈). 가지 끝마다 불을 켜는데, 예전에 촛불이나 가스
등(gas燈)을 켰으나, 지금은 주로 전등을 켠다.

21 ▷ 서비스(service) : 개인적으로 남을 위하여 돕거나 시중을 듦.

22 ▷ 선탠(suntan) : 살갗을 햇볕에 알맞게 그을리어서 고운 갈색으로 만드는 일.

23 ▷ 선탠로션(suntan lotion) : 살갗을 고운 갈색으로 태우는 데 쓰는 화장수.

24 ▷ 선탠오일(suntan oil) : 살갗을 햇볕에 알맞게 태우는 데 쓰는, 기름 성분의 화
장품.

25 ▷ 세트(set) : 영화, 텔레비전 드라마(television drama) 따위의 촬영에 쓰기 위하여 꾸민 여러 장치.

26 ▷ 캐스트(cast) : 영화나 연극 따위에서, 배우에게 어떤 역을 맡김. 또는 맡긴 그 역(役). 배역(配役).

27 ▷ 커플(couple) : 짝이 되는 남녀 한 쌍.

28 ▷ 코디네이터(coordinator) : 의상, 화장, 액세서리(accessory), 구두 등을 전체적으로 조화롭게 꾸미는 일을 전문적으로 하는 사람.

29 ▷ 코믹하다(comic~) : 웃음을 자아내는 듯이 익살스럽다.

30 ▷ 콜택시(call taxi) : 전화로 호출하여 이용하는 택시.

31 ▷ 큐(cue) : 방송에서 프로그램(program) 진행자나 연기자에게 대사, 동작, 음악 등의 시작을 지시하는 신호.

32 ▷ 크랭크(crank) : 영화 촬영기의 손잡이. 또는 그것을 회전하여 영화를 촬영함.

33 ▷ 크레파스(crayon pastel) : 안료(顔料)를 연질유(軟質油)로 굳힌 막대기 모양의 물감. 크레용(crayon)과 파스텔(pastel)의 특색을 따서 만든 것으로, 색깔을 덧칠하거나 섞어 칠할 수 있다.

34 ▷ 크로스바(crossbar) : 높이뛰기에서, 높이뛰기틀의 기둥을 가로지른 대.

35 ▷ 크림(cream) : 피부나 머리손질에 쓰는 기초 화장품. 유제(乳劑), 유지(乳脂), 납, 글리세린(glycerin) 등을 섞어 유화(乳化)하여 만든다. 콜드 크림(cold cream), 배니싱 크림(vanishing cream) 등이 있다.

36 ▷ 키(key) : 열쇠.

37 ▷ 키보드(keyboard) : 호텔(hotel) 등에서, 열쇠를 걸어두는 판(板).

38 ▷ 킥오프(kickoff) : 축구에서, 시합이 시작될 때나 어느 한 팀이 득점을 하여 시합을 다시 시작할 때, 공을 중앙선의 가운데에 놓고 차는 일.

39 ▷ 타이(tie) : 와이셔츠(white shirts)의 깃에 차례로 매는 가늘고 긴 천. 넥타이(necktie).

40 ▷ 타이트하다(tight~) : 몸에 꼭 끼다.

정답

01. 메시지 02. 로터리 03. 그랑프리 04. 스웨터 05. 액션물 06. 롤러스케이트 07. 미션스쿨
08. 오케스트라 09. 테크닉 10. 베토벤 11. 볼 12. 부르주아 13. 부시 14. 불도그 15. 브러시 16. 비
키니 17. 산타클로스 18. 삿포로 19. 샌들 20. 샹들리에 21. 서비스 22. 선탠 23. 선탠로션 24. 선
탠오일 25. 세트 26. 캐스트 27. 커플 28. 코디네이터 29. 코믹하게 30. 콜택시 31. 큐 32. 크랭크
33. 크레파스 34. 크로스바 35. 크림 36. 키 37. 키보드 38. 킥오프 39. 타이 40. 타이트해서

●참고 문헌●

■ **사전**

국립국어연구원, 표준국어대사전(두산동아, 1999)

금성출판사 편집부, 국어대사전(금성출판사, 1993)

두산동아 편집국, 동아새국어사전(두산동아, 2000)

한글학회, 우리말 큰사전(어문각, 1991)

■ **저서**

박용찬, 외래어 표기법(랜덤하우스, 2007)

박인환, 선생님 이 말이 맞아요?(새원미디어, 2002)

서한샘, 한샘 문법 특강(한샘출판사, 1993)

엄민용, 건방진 우리말 달인(다산초당, 2008)

    더 건방진 우리말 달인(다산초당, 2009)

MBC 아나운서국 우리말 팀, 쓰면서도 잘 모르는 생활 속 우리말 나들이(시대와창, 2007)

원영섭, 띄어쓰기 · 맞춤법 용례(세창출판사, 1995)

이성구, 문장 바로 쓰기(도서출판 둥지, 1995)

    띄어쓰기 실무 사전 증보판(애플기획, 1997)

이승구, 이인제, 최용기, 띄어쓰기 편람 -개정판-(대한교과서 주식회사, 2008)

이오덕, 우리글 바로쓰기(한길사, 1989)

이은정, 띄어쓰기 용례 및 해설(백산출판사, 1993)

이희승 · 안병희, 한글맞춤법 강의(신구문화사, 1989)

임무출, 중학생을 위한 따라만 하면 잡히는 논술(정인출판사, 2008)

장하늘, 글 고치기 교본(문장연구사, 2002)

조규빈, 학교 국어 문법의 이해(문원각, 2005)

중앙일보 어문 연구소 '우리말 바루기' 팀, 한국어가 있다 1, 2, 3, 4.(커뮤니케이션북스, 2006)

KBS 한국어 연구회, KBS 아나운서와 함께 배우는 바른 말 고운 말(한국방송출판, 2003)

    KBS 아나운서와 함께 배우는 바른 말 고운 말 2(한국방송출판, 2006)

한국논술교육원, 한글 띄어쓰기 큰사전(브레인, 2006)

한효석, 이렇게 해야 바로 쓴다(한겨레신문사, 1994)

●찾아보기●

ㄱ

가드(8회)
가드레일(8회)
가든파티(22회)
가스(9회)
가스레인지(12회)
가스버너(22회)
가십(5회)
가운(14회)
가이드북(22회)
가톨릭(2회)
간디(1회)*
개더스커트(22회)
개런티(14회)
개버딘(17회)
잼(3회)
거들(17회)
거즈(17회)
걸스카우트(23회)
고흐(1회)*
곤돌라(14회)
골(3회)
골 에어리어(23회)
골인(14회)
규슈(1회)*
그랑프리(5회)*
그로기(4회)*
그리스(1회)*
글러브(9회)
껌(1회)*

ㄴ

나르시시즘(1회)*
나이트가운(22회)

나이트클럽(22회)
나이프(2회)
나폴레옹(1회)*
난센스(9회)
내레이션(1회)
냅킨(2회)
너트(7회)
네온사인(22회)
네트(7회)
네트워크(1회)*
넥타(6회)
노스탤지어(1회)
노아웃(2회)
노코멘트(14회)
노크(7회)
노타이(4회)*
노트(7회)
녹다운(6회)
녹토비전(25회)
논스톱(5회)
논타이틀(14회)
논픽션(14회)
누가(17회)
누드(17회)
뉴미디어(23회)
뉴스(1회)*
뉴욕(2회)
뉴질랜드(1회)*
뉴턴(25회)
니스(4회)
니코틴(17회)
니힐리스트(16회)
닉네임(14회)

ㄷ

다운(14회)
다운타운(14회)
다이내믹(1회)
다이너마이트(1회)*
다이아몬드(8회)
다이얼(1회)*
다크호스(9회)
대시(24회)
댄서(3회)
댄스(9회)
댐(14회)
더블플레이(23회)
덤프트럭(22회)
덤핑(14회)
데드라인(8회)
데드볼(23회)
데스크(1회)*
도그마(8회)
도넛(5회)
도쿄(1회)
돔(14회)
듀스(9회)
드라이브(9회)
드라이클리닝(14회)
드로어즈(1회)*
드로잉(17회)
드리블(1회)*
디너파티(22회)
디럭스(9회)
디스켓(2회)
디스코텍(2회)
디스크자키(22회)
디자인(14회)

디저트(7회)
디젤(1회)*
디지털(13회)
딜레마(16회)

ㄹ

라디오(2회)*
라벨(3회)*
라스베이거스(2회)*
라운지(12회)
라이벌(3회)*
라이선스(9회)
라켓(5회)
랑데부(1)(2회)*
랑데부(2)(3회)*
램프(2회)*
랩(2회)
러닝(14회)
러닝셔츠(2회)*
러시(24회)
러시아워(10회)
러키세븐(2회)*
럭스(6회)
레깅스(14회)
레슨(14회)
레이저(2회)*
레저(11회)
레코드(8회)
레크리에이션(25회)
레퍼리(2회)*
렌즈(2회)*
로맨스(9회)
로맨티시스트(4회)*
로맨틱(2회)

로봇(5회)
로브스터(2회)*
로션(25회)
로스(4회)
로스 앨러모스(2회)*
(로스앨러모스)(2회)*
로스앤젤레스(2회)*
로열박스(22회)
로열젤리(4회)
로케이션(25회)
로켓(5회)
로큰롤(4회)
로터리(5회)
로테이션(25회)
록 앤드 롤(2회)*
록클라이밍(22회)
롤러스케이트(5회)*
롤링(14회)
롱 패스(23회)
롱슛(23회)
루비(17회)
루스벨트(2회)
루트(7회)
루프(17회)
룰(17회)
류머티즘(2회)
르포(2회)*
리더(17회)
리더십(10회)
리드(8회)
리무진(17회)
리본(14회)
리셉션(6회)
리스트(7회)

리시브(17회)
리얼리티(16회)
리우그란데(2회)*
리치(2회)*
리허설(17회)
린치(12회)
릴(17회)
립스틱(5회)
링(2회)*

ㅁ
마가린(14회)
마니아(3회)*
마르세유(3회)*
마사지(11회)
마스코트(7회)
마스크(7회)
마스터하다(1회)*
마스터플랜(14회)
마오쩌둥(3회)*
마진(13회)
말레이시아(3회)*
매머드(3회)*
매직(2회)
매트(7회)
매트리스(7회)
맨션(3회)*
머그 컵(22회)
머플러(16회)
메가폰(14회)
메뉴(17회)
메리트(7회)
메시지(5회)*
메이커(3회)*
메탄올(3회)*
멜로드라마(16회)

멜로디(16회)
멤버십(24회)
모노크롬(14회)
모놀로그(17회)
모델(3회)*
모델케이스(9회)
모델하우스(9회)
모차르트(3회)*
모토(4회)*
몬테로사(3회)*
몽블랑(3회)*
몽타주(4회)*
무드(8회)
무솔리니(4회)
무스(17회)
무크(4회)
뮤지컬(17회)
미니스커트(17회)
미션스쿨(5회)*
미스(9회)
미스프린트(14회)
미팅(14회)
밀리(4회)
밍크코트(7회)

ㅂ
바게트(4회)*
바니시(24회)
바바리코트(4회)*
바이러스(9회)
바커스(4회)*
바흐(4회)*
발레(17회)
발코니(1회)*
방갈로(16회)
배드민턴(25회)

배지(12회)
배터리(4회)*
배턴(25회)
배트(2회)
백그라운드(2회)
밴드(3회)
밸런스(6회)
밸런타인데이(4회)*
버스(9회)
버클(2회)*
버터(4회)*
버튼(14회)
번트(3회)
벌브(4회)
벙커(14회)
베드신(8회)
베테랑(3회)
베토벤(5회)
벤치(12회)
벨트컨베이어(23회)
보너스(9회)
보닛(5회)
보디가드(8회)
보디랭귀지(12회)
보스(3회)
보일러(16회)
보트(7회)
복싱(3회)
본드(3회)
볼(5회)*
볼륨(14회)
볼링(14회)
부르주아(5회)*
부시(5회)*
부츠(12회)
불도그(5회)*

붐(14회)
브러시(5회)*
브레이크(7회)
브로치(12회)
브리핑(14회)
블라우스(9회)
블라인더(16회)
블랙리스트(16회)
블랙박스(22회)
블랙홀(22회)
블로킹(14회)
블록(16회)
블루진(13회)
블루칼라(17회)
비디오(2회)*
비스킷(5회)
비스타비전(25회)
비즈니스(9회)
비치가운(14회)
비치파라솔(22회)
비커(17회)
비키니(5회)
비프스테이크(17회)
빌딩(3회)
빔(17회)

ㅅ
사이다(4회)*
사이렌(3회)*
사이즈(9회)
산타클로스(5회)*
삿포로(5회)*
새시(10회)
색소폰(14회)
샌드백(3회)
샌드위치(8회)

샌드위치맨(14회)
샌들(5회)*
샐러드(3회)
샐러리맨(4회)
샘플(14회)
샤쓰(4회)
샤워(10회)
샤프(10회)
샴푸(17회)
샹들리에(5회)*
서머타임(23회)
서비스(5회)*
서빙(3회)
서스펜스(3회)
서지(17회)
서커스(9회)
서핑(14회)
선글라스(3회)
선탠(5회)*
선탠로션(5회)*
선탠오일(5회)*
세단(3회)
세라믹(2회)
세레나데(3회)
세미나(3회)
세컨드(8회)
세트(1)(7회)
세트(2)(5회)*
세팅(14회)
센서(3회)
센스(9회)
셀프서비스(22회)
셔츠(10회)
셔터(10회)
셔틀버스(10회)
소스(9회)

소시지(12회)
소켓(5회)
소파(2회)*
소프트볼(17회)
쇼(10회)
쇼맨(10회)
쇼맨십(10회)
쇼윈도(14회)
쇼크(7회)
쇼트커트(22회)
쇼핑(14회)
쇼핑백(22회)
쇼핑센터(22회)
솔(10회)
숄더백(22회)
수프(7회)
슈터(24회)
슈트(24회)
슈팅(24회)
슈퍼마켓(2회)
슛(10회)
스낵(5회)
스냅(5회)
스릴러(9회)
스매시(24회)
스웨터(5회)*
스위치(20회)
스윙(14회)
스카우트(7회)
스카치테이프(22회)
스카프(1회)
스커트(7회)
스케이트(7회)
스케일(18회)
스케일링(14회)
스케줄(13회)

스케치북(12회)
스콜(20회)
스쿠버(17회)
스쿼시(20회)
스퀘어(20회)
스퀴즈(20회)
스크랩(5회)
스크럼(14회)
스크린(14회)
스키(17회)
스타킹(3회)
스타트(3회)
스타팅멤버(23회)
스태프(1회)
스탠드바(8회)
스탬프(14회)
스테이지(18회)
스테이크(7회)
스테이플(18회)
스테인드글라스(8회)
스테인리스(18회)
스텝(5회)
스토리(17회)
스토브(3회)
스튜어디스(17회)
스트레스(3회)
스트레이트(18회)
스트로(17회)
스트립쇼(6회)
스파링(17회)
스파이(18회)
스파이크(18회)
스파크(7회)
스펀지(12회)
스페어(3회)
스페이스(18회)

스펠링(3회)
스포츠(2회)
스포츠맨(22회)
스폰서(3회)
스푼(17회)
스프레이(18회)
스프링(3회)
스피드(17회)
슬라이드(9회)
슬럼프(7회)
슬로건(18회)
슬리퍼(16회)
시그널(4회)*
시리즈(9회)
시멘트(3회)
시뮬레이션(25회)
시소게임(14회)
시스템(14회)
시즌(14회)
시추에이션(25회)
시트(7회)
시트콤(14회)
신(17회)
신드롬(18회)
실(17회)
심벌즈(9회)
심포지엄(14회)
싱글(3회)

◯
아웃(2회)
아웃사이더(6회)
아웃코스(6회)
아이섀도(10회)
아이스크림(14회)
아지트(1회)*

아치(12회)
아카데미(1회)*
아코디언(21회)
악센트(7회)
알루미늄(14회)
알리바이(16회)
알파벳(5회)
알피니스트(1회)*
앙가주망(1회)*
애드리브(8회)
애드벌룬(8회)
액세서리(6회)
액셀러레이터(6회)
액션(6회)
액션물(5회)*
앨범(15회)
앰뷸런스(9회)
앵글(1)(1회)*
앵글(2)(2회)*
앵커(1회)*
야드(21회)
야크(21회)
양키(21회)
어댑터(6회)
에고(1회)*
에고이스트(1회)*
에나멜(1회)*
에너지(13회)
에로틱하다(1회)*
에메랄드(8회)
에세이(1회)*
에스컬레이터(18회)
에스코트(2회)
에어로빅(2회)
에이스(9회)
에이프런(18회)

에티켓(1회)*
에필로그(1회)*
엑스레이(18회)
엑스터시(6회)
엑스트라(6회)
엔지니어(13회)
엔진(1회)*
엔트리(4회)*
엘리베이터(18회)
엘리트(1회)*
예스맨(21회)
옐로페이퍼(21회)
옐로카드(21회)
오너(18회)
오너드라이버(22회)
오디션(25회)
오렌지(12회)
오르간(3회)*
오리엔테이션(25회)
오리지널(12회)
오버(1회)*
오버코트(18회)
오븐(2회)
오아시스(9회)
오케스트라(5회)*
오토바이(4회)
오프너(18회)
오프닝(4회)*
오픈게임(2회)*
오픈카(22회)
옥타브(2회)*
온라인(2회)*
올드미스(22회)
올리브(9회)
올림픽(2회)*
옴니버스(9회)

옵션(6회) 유스호스텔(21회) 정글(13회) 칼럼(16회) 컷(2회)

와이셔츠 (4회) 이글루(2회)* 제스처(13회) 칼럼리스트(4회)* 케이스(9회)

와이어(19회) 이미지(1)(2회)* 조깅(13회) 캐디(4회)* 케이크(7회)

와이퍼(19회) 이미지(2)(3회)* 조크(7회) 캐러멜(1회)* 케첩(4회)

와이프(19회) 이벤트(1)(2회)* 주스(9회) 캐럴(15회) 코너(1회)*

와인(19회) 이벤트(2)(3회)* 주크박스(3회)* 캐럿(5회) 코드(8회)

와인드업(19회) 이브닝드레스(22회) 지로(13회) 캐리커처(3회)* 코디네이션(25회)

와일드하다(19회) 이슈(2회)* 지르박(4회) 캐릭터(4회)* 코디네이터(5회)*

와트(19회) 이스트(21회) 지프(7회) 캐비닛(2회) 코르덴(4회)

왁스(4회) 이어폰(2회)* 징크스(9회) 캐스터(4회)* 코르크(7회)

왈츠(12회) 이젤(3회)* 캐스트(5회)* 코믹(2회)

왜건(19회) 이튼(4회) **ㅊ** 캐스팅(4회)* 코믹하다(5회)*

요가(21회) 인센티브(3회)* 차트(7회) 캐주얼하다(11회) 코스(9회)

요구르트(21회) 인슐린(3회)* 찬스(3회)* 캐처(4회)* 코치(12회)

요들(21회) 인스턴트(7회) 채널(13회) 캐치프레이즈(4회)* 코코아(18회)

요크셔(21회) 인스턴트식품(3회)* 채플(13회) 캔(4회)* 코트(7회)

요트(21회) 인치(12회) 챔피언(21회) 캔디(4회)* 코튼(4회)

울(15회) 인터넷(5회)* 체인(13회) 캘린더(16회) 콘사이스(9회)

워밍업(19회) 인터벌(3회) 체크(7회) 캠퍼스(4회)* 콘서트(7회)

워크(19회) 인터체인지(12회) 초콜릿(13회) 캠프(7회) 콘센트(4회)

워크숍(19회) 인터폰(15회) 치킨(3회)* 캠핑(4회)* 콘크리트(7회)

워키토키(19회) 인텔리(3회)* 캡(2회) 콘택트렌즈(9회)

워킹(19회) 인텔리젠치아(3회)* **ㅋ** 캡슐(6회) 콘테스트(1회)

원룸(2회)* 인트라넷(2회) 카레라이스(4회) 커리큘럼(16회) 콘티(4회)

원맨쇼(2회)* 일러스트레이션 카리스마(3회)* 커뮤니케이션(25회) 콘플레이크(18회)

원피스(9회) (25회) 카세트(7회) 커미션(4회)* 콜드크림(22회)

웨딩드레스(19회) 잉크(7회) 카스텔라(3회)* 커브(4회)* 콜라(18회)

웨이스트(19회) 카우보이(18회) 커튼콜(2회)* 콜택시(5회)*

웨이터(19회) **ㅈ** 카운슬러(16회) 커프스(4회)* 콤비(4회)

웨이트리스(19회) 자일(3회)* 카운트(18회) 커플(5회)* 콤팩트(7회)

위스키(4회) 재즈(3회)* 카탈로그(16회) 커피숍(5회) 콤플렉스(1회)

위트(19회) 재킷(5회) 카페인(4회)* 컨디션(25회) 콩트(3회)

윈도쇼핑(19회) 잭나이프(9회) 카펫(5회) 컬러(16회) 쿠션(10회)

윙크(19회) 잼(13회) 칵테일(6회) 컴퍼스(9회) 쿼터(20회)

유니섹스(2회)* 저널(13회) 칵테일파티(22회) 컴퓨터(3회)* 퀸셋(20회)

유머러스(2회)* 점퍼/잠바(13회) 칼데라(4회)* 컵(2회) 퀼팅(20회)

퀴닌(20회)
퀴즈(20회)
퀵(20회)
퀸(20회)
큐(5회)
크랭크(5회)*
크레인(18회)
크레파스(5회)*
크로스바(5회)*
크로켓(2회)
크리스털(15회)
크림(5회)*
클라이맥스(1회)
클래식(16회)
클랙슨(16회)
클럽(2회)
클레임(16회)
클로버(18회)
클로즈업(5회)
클립(5회)
키(5회)*
키보드(5회)*
킥오프(5회)*
킬로(16회)
킹사이즈(18회)

ㅌ

타깃(5회)
타블로이드(18회)
타워(2회)
타월(15회)
타이(5회)*
타이밍(18회)
타이스코어(22회)
타이어(18회)
타이츠(18회)

타이트(1)(18회)
타이트(2)(5회)
타이틀(15회)
타이프라이터(18회)
타이핑(18회)
타일(15회)
탱크(7회)
터널(15회)
터미널(15회)
터부(3회)*
테이블(18회)
테이프(7회)
테크닉(5회)*
텍스트(7회)
텔런트(7회)
텔레비전(11회)
텔레파시(16회)
토스터(18회)
토치카(2회)*
토털(14회)
토플리스(9회)
톤(18회)
톨게이트(7회)
톱클래스(6회)
트랙(2회)
트랩(5회)
트럭(5회)
트럼펫(5회)
트레이닝(18회)
트레일러(18회)
트로트(2회)
트로피(18회)
티셔츠(4회)
티켓(5회)
팀워크(7회)
팁(2회)

ㅍ

파리(3회)
파마(4회)
파시스트(7회)
파운데이션(25회)
파울(14회)
파울 볼(23회)
파워(1회)*
파이팅(1회)
파이프(18회)
파이프라인(18회)
파인플레이(23회)
파일(1)(1회)
파일(2)(15회)
판다(4회)*
패널(1)(1회)
패널(2)(15회)
패러독스(1회)
패션(1회)*
패스(9회)
패키지(12회)
팩스(6회)
팬레터(22회)
팸플릿(5회)
퍼스트레이디(22회)
펌프(7회)
펑크(1)(3회)
펑크(2)(4회)
페달(15회)
페스티벌(15회)
페어플레이(22회)
페이스(9회)
페이지(18회)
페인트(7회)
펜싱(1회)
펜팔(15회)

포스터컬러(22회)
포인트(7회)
포즈(9회)
포켓(5회)
포크(7회)
푸시(24회)
풋워크(2회)
프라이(18회)
프라이버시(4회)*
프락치(3회)*
프랑스(1회)
프러포즈(9회)
프런트(7회)
프로그램(18회)
프로젝트(7회)
프로필(15회)
프리미엄(4회)*
프리킥(5회)
프린스턴(25회)
플랑크톤(4회)
플래시(24회)
플래카드(8회)
플랫폼(6회)
플러시(24회)
플레이보이(18회)
플루트(1회)
피겨스케이팅(23회)
피라미드(8회)
피스톤(4회)
피처(13회)
피치(12회)
피켓(5회)
피크(7회)
픽션(6회)
픽업(5회)
필(15회)

필로폰(16회)
필터(1회)

ㅎ

하이킹(18회)
하이테크(18회)
하이힐(4회)
하일라이트(7회)
핫뉴스(22회)
핫도그(6회)
핫라인(6회)
핸디캡(5회)
햄릿(2회)
헤드라이트(7회)
헥타르(6회)
헬리콥터(16회)
헬리포트(7회)
헬멧(5회)
호스(9회)
호스티스(9회)
호치키스(3회)
홀(14회)
휘슬(15회)
휠체어(20회)
휴스턴(25회)
히로뽕(4회)
히치하이크(7회)
히프(2회)

우달문 3권 외래어 표기법 익히기

초판 1쇄 인쇄 2011년 1월 8일
초판 1쇄 발행 2011년 1월 15일

엮은이 임무출
펴낸이 김선식
PD 이하정
다산초당 김상영, 이하정
마케팅본부 모계영, 이주화, 김하늘, 박고운, 권두리, 신문수
저작권팀 이정순, 김미영
커뮤니케이션팀 서선행, 하미연, 박혜원, 김선준
디자인연구소 최부돈, 황정민, 김태수, 조혜상, 김경민
경영지원팀 김성자, 김미현, 김유미, 유진희
외부스텝 표지디자인 디박스 본문조판 유민경

펴낸곳 (주)다산북스
주소 서울시 마포구 서교동 395-27
전화 02-702-1724(기획편집) 02-703-1723(마케팅) 02-704-1724(경영지원)
팩스 02-703-2219
이메일 dasanbooks@hanmail.net
홈페이지 www.dasanbooks.com
출판등록 2005년 12월 23일 제313-2005-00277호

필름 출력 스크린그래픽센타
종이 한서지업
인쇄 · 제본 (주)현문

ISBN 978-89-6370-494-4 (04710)
      978-89-6370-491-3 (set)